學詩門徑

張正體編著
何志浩校正

吳敬恆書耑

臺灣學生書局印行

學詩門徑再版序

詩之有學，其始於頌。漢書藝文志：「登高能賦，可以爲大夫。」故春秋之世，諸侯卿大夫，交接鄰國，當揖讓之時，必稱詩以論其志，因此，孔子說：「不學詩無以言也。」詩之爲教，可陶冶人之性情，進而淬厲道德，轉風易俗，明耻篤行，以保國家民族生命。故凡爲詩人，必有悲天憫人之心，濟世利物之志，憂國仁民之抱。所以詩有興、觀、群怨之用，不可不學也。

學詩有三言兩語，卽得其法，有窮年累月不入其門者。詩有不學而能工，乃禀天賦也。有學而不成者，是因不知其法之故也。正體不才，有鑑及此，於民國五十五年夏，著學詩門徑一册，深獲台灣各地詩社，學者之喜譽，轉瞬行銷一空，故坊間從缺。十餘年來由於埋首古典文學著述，無法顧及，雖於民國六十四年十一月；據以重新整理，充實內容，名爲「詩學」，由台灣商務印書館印行（現已四版）。但頻年仍叠接讀者來書，詢以何地？何書局可購得？或問何時可再版？不一而足……可見此書已深植於讀者的心中，爲免有志學詩者有向隅之歎，乃於七十一年秋，抽空修訂後，由台灣學生書局再版發行，以應讀者需要，今後已可免去讀者「跑遍台北市街頭買不到學詩門徑爲苦（有讀者來信云）」。惟在出版業不景氣的今天，毅然再版本書，謹此誌謝。

閩南半票居士張正體序於苗栗市福麗里文山小築

中華民國七十一年十二月二十一日

學詩門徑序

或有問余作詩之法曰，詩可學乎，余應之曰可。詩者性情之感，而形於言之餘也。古之人莫不能詩，如野叟老嫗皆能歌謠而成民風者矣，後世學者，淺嘗輒止，至皓首不解爲韻語者亦多矣。詩有不學而能者，稟天賦也。有學而不成者，以不得其法之故也。語云：熟讀唐詩三百首，不會吟詩也會吟。作詩不難，多讀多作，卽得之矣。此猶奏樂必審五音，調鼎必嘗五味，習醫用藥必明寒熱經絡之微，奕棋對局必窮局勢變化之妙。作詩之道，亦然。詩有六體：一曰命意，二曰體制，三曰氣魄，四曰情思，五曰字句，六曰音節。命意要有理，體制要成家，氣魄要渾厚，情思要宛轉，字句要精鍊，音節要鏗鏘，失此者不可以爲詩也。詩有五戒：一戒訕譏，二戒諂諛，三戒鄙俗，四戒纖褻，五戒剽竊，一有於此，則違詩教。至於平仄之法，八病之說，則爲詩之皮毛，而非神髓，若此之不知，更不可與語於詩也。白樂天曰：「詩者，根情苗言，華聲實義」。凡片言可以明百意，坐馳可以役萬景，惟工於詩者能之，第不知入門者，則猶面牆而立，一物不能見，一步不能行也。張君正體，揣摹典籍，融會貫通，著「學詩門徑」一書，蒐羅宏富，法無不備，余讀而喜之，乃親爲校正，以爲初學津梁。學者一卷在手，必有心領神會，而得不傳之秘者矣。是爲序

中華民國五十五年四月十五日象山何志浩序

前言

中國語文使用的技巧，在古詩中誠有高度的發揮，從三百篇到楚辭、漢賦、樂府，到五七言律絕，以及到詞、曲。可說是中國文學遺產中最豐富的寶藏，其間好多是前人費了無數心血的結晶，惜自五四運動以後，已漸漸沒有人注意了，甚至將古人的精心傑作，視同糞土，棄置不顧。良可浩嘆！雖然部定的初高中課本，皆有選讀，旨在欣賞性質，實無法滿足一般青年的需求。記得少時就讀鄉間私塾，塾師教吟唐詩時，頭搖足擺，狀飄飄然，令人神往，詢入門之法而未果，不勝惆悵，故自步入社會後，公餘之暇，除研讀前人詩集，隨時注意蒐集有關學詩之資料，以冀能有機會，提供一點學詩的門徑，給有志向學的青年朋友參考。

作詩吟詩決不祇是一種消遣，同時可以陶冶性情，節制情感，詩人在喜怒哀樂時，決不想作詩，必須等到他的情感平靜了，才能運思造句。因此學詩可以怡情養性，減少感情衝動，試看今日之社會，到處擾攘，這未嘗不是因生活枯燥苦悶的結果，假如能導其走入學詩之門，蔚成一種風氣，當可收宏效，但坊間缺少此類入門書籍，故將一得之愚，貢獻給青年讀者們，使讀過此書後，能以學詩為進修，以學詩作養性，做個平實有益於國家社會的人。

本書荷蒙當代國際名詩人詩文之友社社長何志浩將軍親自校正賜序，中國廣播公司董事長梁寒操先生賜題書面，及洪寶昆詞長協助發行，摯友范天送吟長再四鼓勵，協助蒐集資料，在此謹致謝忱。如本書能分擔一些老師的辛勞，誘導青年學習正當的消遣，或滿足讀者求知的願望，那將是我們最大的光榮！

張正體自叙於苗栗寓所

中華民國五十五年四月二日

學詩門徑例言

一、本書從古體詩的歌謠開始，到近體詩，新體詩結束，其間各種體式；均很詳細的介紹其學習入門方法，並一一舉例說明，以助讀者瞭解。

一、本書內容，編著力求充實，文字力求通俗，不懂作詩者，讀後就可嘗試，已能作詩者，一見增廣認識。

一、唐人以詩取士，故其詩獨工，本書所舉之例，大都取自「膾炙人口」之唐詩三百首，當可幫助讀者了解。

一、本書所擧之例，爲使讀者明白，均一一指出其作法及重點，自可一目了然。

一、本書對於近體詩各種平仄譜，均一一詳列並分別擧例說明，是爲坊間所難見的。

一、本書內容適合中等學校補充教材之用，當可分擔一點老師的辛勞，同時可供有志學詩者，課外進修，無師自通之妙。

一、初學作詩的人，最感困擾的莫過於字的聲調平仄無法分別，蓋現代的青年所嫻熟者是國音的四聲，因此本書爲適合現代學生的需要，經研究提出以國音辨別平仄的方法，一覽便知。

一、本書爲適應本省的擊鉢吟風尙，故專列一章介紹擊鉢吟的規律忌諱與作法，以便讀者參加聯吟之用。

一、詩鐘之各種體式，已殘缺不全，本書著者曾花一年時間物色資料研究，很有系統的專列一章介紹詩鐘各種格式，並舉例說明。

一、本書爲適應一般靑年，新的觀念，故專列一章介紹新詩的入門，並附新詩選讀二十首，以供讀者研讀。

一、本書對於部份可平可仄的字，爲加强讀者認識，經分別將平仄可通用，及平仄不能通用一一列出，分別註解，以供讀者參考。

一、本書始於壬寅年（民國五十一年）晚秋，丙午年（民國五十五年）暮春書成，自愧才疏學淺，驪珠難探，尙乞高明君子，有以教之。

張正體謹識

學詩門徑目次

第七章　取材之範圍

第十章 擊鉢吟

第十一 詩鐘

學詩門徑

第一章　緒　言

我國的詩，已有很久的歷史。詩經，是我國最古老的一部詩集，也是我國文學遺產中最豐富的寶藏。這部詩集大都是四言的。後人做四言的已極少了。可是從三百篇到楚辭、漢賦、樂府變爲五言詩，再變爲五七言律絕詩、詞、曲、進而到現在的新體詩；其中源流派別，非常繁複，應讓專攻詩學的去研究。而本書現在所要說的；是怎樣學作詩，在一般人感覺極不易捉摸的中間，找出一條學習作詩的門徑來，使有志趣而願意學習的人，不致於徬徨，感覺無從入手的困擾。以下便是獻給初學者的一個最好羅盤。假如你能照此指針鍥而不捨地去學習，當可無師自通，成爲一位詩人。

第一節　爲甚麼要學詩

中國詩主要是抒情的。詩經大序說：「詩者志之所之也，在心爲志，發言爲詩。情動於中，而形於言。言之不足，故嗟嘆之。嗟嘆之不足，故詠歌之；詠歌之不足，不知手之舞之，足之蹈之也。」又說：「動天地，感鬼神，莫近於詩。」所以詩是抒發自己之情，其功效是能夠感動人的。因此學習作詩是人類情感發抒，求其美化的一種需求。

基於上述，可知詩的泉源，是從人的情感上來的，所以詩人必先有充實的生活，而後從生活中得到充實的情感，用眞實的情感寫出來的詩，才能曲折委宛，才是有血有淚的發抒。如果是無病呻吟，則發抒出來的，自然是決不能動人的，是以要發抒的、既含蓄、而有寄托使情感美化，絕非其他文章所能做到的。因此學詩是要把所具的情感，盡量發抒出來，不論喜怒哀樂，愛憎憂懼，都可以在詩中流露出來。使生活有所調節，增加人生的樂趣。

現代名詩人何志浩將軍，民國四十九年元旦，於其名著磨盾集自序：「詩者，喜怒哀樂之情也，孔子曰：「詩，可以興，可以觀，可以群，可以怨」。詩之功用，蓋爲激發情感，振作風氣，團結人心，懷抱忠愛，使讀之者精神昇華而入於純理性之生活者也。凡爲詩人，必皆有悲天憫人之心，濟世利物之志，憂國仁民之抱，善詩者能以凝鍊簡短詞句，達溫柔敦厚之情，詩固爲文學中之精髓，必須有千錘百鍊功夫，而後達於超卓也。

詩合天地人三籟，前人有選「詩快」者曰：「天上有詩仙，地下有詩鬼，人間有詩人。」於古詩中釐爲三集：曰「驚人」，曰「泣鬼」，曰「移人」。其意爲移人則人快，驚天則天快，泣鬼則鬼快。使讀詩之人：喜者可以當歌，歡者可以當劇，思者可以爲月，愠者可以當風，倦者可以當遊，雄者可以當獵，愁者可以當酒，寂者可以當花，鬱者可以當香，病者可以當樂，怒者可以當劍，讐者可以當椎，夢者可以當鐘，寃者可以當鼓，一人讀之，歌哭叫跳，人人讀之，同聲相應，而千古以上之詩人相與歌哭叫跳於前，千古以下之詩人相與歌哭叫跳於後，則一人心所快者，亦天下萬世之心俱快也。詩以痛快人心爲主：喜者應使其捧腹絕倒，怒者應使其髮指眥裂，哀者應使其痛哭流涕，樂者應使其寵辱皆忘，若詩之內容，不冷不熱，不甜不辣，則直死詩而非活詩，不讀可也。

余少學詩，吟詠不輟，深知詩者人類間之攝力也。爲欲振興民氣，作育進取精神，詩之用鉅矣。爲欲保存國粹，發揚燦爛文化，則詩之功偉矣。詩人之喜怒哀樂，不與凡同，以其發而中節，純乎天理之極也。李杜之詩，大聲鏜鎝，光芒萬丈，爲千古絕唱。學詩者宜取法乎上，則可得其神韻，發爲忠孝之作。余以受教極嚴，謹守載道之訓，故決不蹈玩物喪志之失，且藉詩而鼓吹革命，詩教其不重乎！

汪辟疆先生署吾弱冠之詩曰「磨盾集」。蓋取「大丈夫當於盾鼻磨墨作檄」之意。余身爲革命軍人，頗有磨盾枕戈之志，其跋語云：「統觀前後諸作氣勢驅邁，伊優爲摧，亦以作者出入兵間，雄直之氣，見於早歲，宜其下筆爽朗也。如能多誦杜公詩，細味其沈鬱頓挫處，則造詣益高，非餘子所能望其項背也。」其言過獎！梁任公詩云：「詩中十九從軍樂」，則爲吾作詩之則，平生絕不作唯殺蠱厲之聲，苟且淫靡之句，吐詞必屬愛國愛民，詩雖拙，而志不傷也。

余自民國十三年至三十六年之詩，以參與戰役，行止靡定，稿每多遺失，若「萬里行」之不可復得，甚爲遺憾。今所存者，皆經賈師校正，其認爲可存者，以不愜意而竟棄之，其有認爲可刪者，余反自珍，若「子見南子」一詩，以別有用意，無妨獺祭。本集爲仰天長嘯集之前卷，蒙賈師爲之評定並示作詩之法，感而序之。

第二節　學詩與讀詩

學習作詩是一難事，這句話乃是自餒的說法，翻開古今詩話，其中不少佳句，皆非出於士人階級的，他們或在人家執役，或在店肆操作，那有空閒時間去專心一志的學詩。都是黃昏後無所事事，偶而把前人的佳作，揣摩吟誦幾回，到有了豐富的情感時，很隨便的寫出來的，這種很自然的風味，反而比較士人之作品，來的有眞趣，所以初學者，不可自餒，只要有恒心去學習，自有成功之日。

其次學詩必先讀詩，俗語說：「熟讀唐詩三百首，不會吟詩也會吟。」這句話雖然不甚可靠，但多讀多看總是學詩的初步工作。因爲詩讀多了，越讀越順口，平仄也容易辨別，意思也就容易領會了，則詩的根底自然有了豐富的培養，再就生活環境，精密的觀察，詳細的推想，自然可順口道出詩來，所謂：「熟能生巧」，就是此理，初學的要訣亦在此也。

但是讀詩要注意讀詩的方法及讀詩的次序，絕不可隨便亂讀，玆說明如下：

㈠　讀詩的方法最重要的條件如下：

(1)　**辨音節**：所謂音就是字的平仄，平聲字讀時應把字音延長些，仄聲字應當讀短促些。同時還要注意節的分析。例如李白夜思：

牀—前—明—月光—，疑—是地上霜—。舉頭—望明—月，低—頭—思—故鄉。這是一首五絕詩，中間「牀前」成一節，「明月光」成一節，「疑是」成一節，「地上霜」成一節，「舉頭」成一節，「望明月」成一節，「低頭」成一節，「思故鄉」成一節。你若能依此類推，把一切的詩，都這樣讀得音節分明，熟讀幾十首，也就感覺到有些詩的趣味了。

(2) **注意聲調**：讀詩的聲調，應當隨着詩的體裁而不同，古詩有古詩的聲調，近體詩有近體詩的聲調。古體詩的聲調，比較近乎語言之自然，七言更其如此，只要讀來順口聽來順耳爲標準。但順口順耳是與訓練的不同而有等差，並不是一致的。至近體詩的聲調却有一定的規律，五、七言絕句還可以用古體詩的聲調，律詩就得跟着規律走。規律的基礎在字調的平仄；字調就是平、上、去、入四聲，上去入都是仄聲。然後按律詩的平仄式多讀多朗吟，就能知道聲調的變化，這恰像聽戲多的人，雖不懂板眼，但也能分別唱的好壞，不過不大精確就是了。

(二) 讀詩的方法明白了，那麽就應研究讀詩的次序。

(1) **先讀古詩而後讀近體詩**。

(2) **古詩與近體詩同時調劑並讀**，

有人說：「古詩沒有一定平仄，讀起來很難順口，應先讀近體詩，因爲近體詩讀熟了。對平仄的辨別就較容易。」這句話未免「捨本逐末。」要知道古詩雖不能如近體詩讀得音節響亮，聲調悠揚，但是分淸平仄，辨明起、承、轉、合、以後，讀起來也很自然，且先讀近體詩可能產生專門在音節聲調上講究，而把全詩章法的支配，意思的貫串而忽略了的毛病，因此只能作一句兩句，不能完成一詩，就使能勉强湊成，亦不能「一氣呵成」。所以讀詩應先讀古詩而後讀近體詩，決不可貪近功，先讀近體詩，終必無遠效。

茲爲有志學詩者加强認識，特錄名詩人何志浩將軍，民國四十九年元月五日，於其鉅作仰天長嘯集再版序於後，以供初學者參考：

「昔朱子教人學詩，曰：「本之二南，以求其端；參之列國，以盡其變；正之於雅，以大其規；和之於頌，以要其止；察之性情隱微之間，審之言行樞機之始；則修齊治平之道可兼得之」。甚矣！詩之難學也！夫詩須識高，非讀書則識不高；詩須力厚，非讀書則力不厚；詩須學富，非讀書則學不富。昔人謂杜工部詩，無一字無來處，由讀書多也。其贈韋左丞詩曰：「讀書破萬卷，下筆如有神」，此杜老自言其用力處也。學詩者，若盡能取天地間之一草一木，古今人之一言一事，國風漢魏以來之一字一句，推而至於詩、書、易、禮、春秋、魯論之義蘊，及孟子之正大，左氏之華贍，馬遷之奔放，班固之嚴整，皆融會於胸中，而沛然行之於筆下，則其詩能大、能雄、能奇、能工、詩固不可不學而能也。

百工居肆，鈎心鬪角，盡其能事，而後技精。世無有撫弦而不審夫五聲，調鼎而不嘗夫五味者。詩法神明變化，淵乎莫測，非多讀多作，不能工也。徐秋濤曰：「學詩當效法於古，取材於先，採擷李杜諸大家之華，以爲骨格，多讀書，以廣聞見，以資詩料，聲律旣澈，神境自孚，而胸次勃然」。故凡詩人題詠，其有學力者，必胸次高超，下筆卓絕。吾人讀杜工部詩，則見變幻閎深，如陟崑崙，泛溟渤，千峯羅列，萬派汪洋；讀李太白詩，則見輕爽雄麗，如明堂黼黻，冠蓋輝煌，武庫甲兵，旌旗飛動；讀王摩詰詩，則見萬花春谷，光景爛熳。令人應接不暇，賞玩忘歸也。

余愛讀詩，四十年未嘗一日釋卷，而於作詩則如面牆而立，一物不能見，一步不能行，搜索枯腸，難覓佳句。乃窮年兀兀，鑽研典籍欲以畢生之力從事於斯。惟久歷戎行，酷愛戰鬪文藝，樂近快刀躍馬英雄本色之豪士，平日歌詩喜有民族靈魂之篇，而不屑呢喃小兒女之體。賈師語我曰：「詩貴有神，更貴有氣。」李太白神彩飛動，杜工部生氣遠出。杜之妙，神行而氣亦行，李之妙，氣到而神亦到，故其詩妙絕古今。余詩多作於馬上，機上，戰場上，有時倉卒吐臆，多急就章，不暇審字鍊句，且不棄俚語，是力不足也。詩以風骨爲要，風含於神，骨備於氣，知神氣之妙運，即風骨俱全。吾病未能也。

此集合「磨盾」，「中興」兩集，印於民國四十四年，近蒙賈師詳爲校訂，並選其愜意者，書而刻石：如臺南赤嵌樓之放歌，阿里山之領袖頌，澎湖之觀海，金門之吳稚暉先生頌，一江堂之烈士歌，以及神木頌法帖，流傳於世，師之惠我披我大矣哉！願自今後勤學二十年，爲師慶祝百壽時，寫一部中國史詩以獻，則此庶幾可稱爲「仰天長嘯集」矣！若茲集者，曷足當之！

第三節　作詩的基本認識

詩的源流，先有古詩，而後有近體詩。古詩粗看似乎平仄不分，長短不拘，十分自由。但是也得有些方式，並不是可以隨便塗抹。昔劉大勤問王漁洋說：「古詩雖異於律，但每句之間，亦必平仄均勻，讀之始響亮，其用平仄之法，於無定式之中，亦有定式否？」漁洋回答說：「無論古律、正體、拗體，皆有天然音節，所謂天籟（自然之音響也文章之自然曰天籟）也。唐宋元明諸大家，無一字不諧，是無定式中有定式矣。」所以說古詩也得「平仄均勻，」不是隨便堆砌的。

作詩先要有一種動機，這種動機以前的人所謂「詩思」也，套一句現代的話，就叫做「靈感」，當你有了靈感時，才可作詩，但究竟先作那一種詩呢？我覺得讀和作是有相關，前節既主張先讀古詩，則初學作詩自然也應先學作古體詩為入手，這樣可以隨着天然進化的跡象，得到循序漸進的成功。一般人總以為古詩難作，其實較近體詩容易得多，作古體詩㈠不拘平仄，㈡不用對偶，㈢韻可通轉，㈣句法長短參差自由。㈤想着幾種意思就作幾句，說完就結束。不像近體詩有許多的束縛。

因此初學作詩的時候，先取眼前景物，有深廣意義可推想的，有豐富情感可發揮的，不妨先作一句或兩句，興之所至，隨口吟哦，寫成斷句，留待「靈感」來時續成，並無傷於事，迨詩成後應再三推敲，求其工穩，然後就教於精於此道者，或與友朋相互切磋，進步是非常迅速的。茲略提有關初學作詩應用詩題詩體之要訣。如：

懷人；宜作七絕

即事；宜作七絕

感懷：宜作七律

寫景物：宜作五古

總之，詩體應隨詩題而異，初學者只要多讀前人詩集，也就明白了。但臺灣省現下各縣市之詩社聯吟，大都是擊鉢吟，其詩題係當場推選數人共同決定的，故有時就很少能與上項要訣吻合。

第四節　甚麼叫詩韻

詩是一種有音樂性的文藝，所以要有韻，音調才覺好聽悅耳。近人作詩，都是以梁沈約的韻書爲標準，坊間的詩韻大全，詩韻合璧，韻海大全等，都是根據沈約韻書而編製的。這種詩韻叫平水韻。它是把廣韻的許多韻併合，韻數比廣韻少。分平、上、去、入四聲，平聲分上平、下平，上平下平各十五韻，上聲二十九韻，去聲三十韻，入聲十七韻。但此種詩韻和我們口中的自然韻，並不盡合。例如一東和二冬來說，這兩韻都是如「ㄨㄥ」翁的聲音，又三江和八陽兩韻都是「ㄤ」的聲音，而它均分爲兩韻。這種韻書，在從前科舉時代，做試帖詩，一定要遵守這種官韻，所以相沿下來直到今天，做近體詩的，還是應用着。此種韻書，通稱爲詩韻，如上述詩韻合璧等是。

第二章　詩體的認識

詩有各種體裁，其作法也就各不相同。詩經大都是四言的，自漢魏以後，都是五言詩了，其間七言詩也有，但是極少。七言詩可以說到唐朝才發達起來。五、七言詩都有古體和近體之分。古體詩是指漢魏六朝的詩，近體詩指唐朝才新形成的五、七言律詩和絕句。普通說古體詩，是包括古詩和樂府詩兩種，茲將最切實用的幾種，詳細分別說明於後；

第一節　古體詩

唐以前的詩，沒有格律的限制，有古代「歌謠」的遺風，所以稱「古體詩」，一稱「古詩」，又稱「古風」。這種詩體有五言七言之分，其間也有雜言的。漢魏六朝的古詩，差不多是五言的，樂府詩則以雜言較多。中間最重要的有下列各種體裁：

(1)　歌謠及寫作方法

「歌謠」是民間隨意歌唱而成的，後來經過文人的採取，加以選輯修飾。這種出自天然的文章，是沒有一定的作法。後來文人借名歌謠，寄託他的思想，是很有可能的。題目的取材，都是屬於社會風俗習慣的，或是一件新聞發生，就把他當作材料。因爲沒有平仄的拘束，字數也沒有限制，所以較容易作成。

例如：擊壤歌

「日出而作，日入而息，鑿井而飲。耕田而食，帝力何有于我哉！」

這首歌的中間，「作」「息」「食」三字係屬一韻，「我」字應讀入聲，「哉字是幫助語氣的助詞。

由上面這首擊壤歌看，可知道歌謠的作法，是很通俗，並沒有什麽限制。茲將其要點略提如下，以供初學者參考。

㈠ **注意結構，詞句力求自然。**

㈡ **音節應響亮，太生澀的僻字少用爲宜。**

㈢ **應語淺意深。**

⑵ 樂府詩及作法

樂府，這個名詞的產生，開始於漢初，漢武帝時始建立專門掌管樂章的官府，故名之樂府。

原來古代的詩歌與音樂是不可分的。詩經裏的雅、頌、楚辭裡的九歌，都是配合音樂歌唱的，後來有一部份詩歌逐漸與音樂脫離而獨立，於是乃有只可誦讀不可歌唱的作品出現。武帝時，這位愛好文學的君主，正式設立了一個大規模的專門職掌樂章的官府，特派擅長音律的李延年做協律都尉主持工作，一面製作宗廟樂章，以司馬相如一般文人的詩頌入樂，一面向民間去採集各種歌謠，被之管絃；以供祭祀、讌會、行軍時分別奏唱。於是詩歌與音樂又重新密切配合起來。

因爲樂府官署的職責；是製作朝廟樂章和採集民歌入樂；是故一般人便將這些入樂的詩歌叫做「樂府詩」，或簡稱爲「樂府」。後來，有些人沿襲漢代樂府所製的各種曲調的名稱、音節、形式，另作尙能歌唱的新詞，把這種新詞也稱爲「樂府」。更後來，有些文人索性撇開古樂府的題目，體製而另立新題新意，寫作新詞，這種作品已完全與音樂無關，成爲不能歌唱的詩篇，一般人乃稱之爲「新樂府」。於是「樂府」一詞，由司樂章的官府，就變爲詩歌的一種體裁了。

樂府的名目很多；如歌、行、吟、辭、曲、引、篇、詠、謠、歎、哀、怨、別、唱、調等等都是。

學作樂府詩，平仄和押韻不生困難，因爲樂府的字句，長短不拘，平仄也無限制，押韻亦隨便，只要意思有含蓄，字句能蒼勁。或是發揮人生觀念，或諷刺社會，中間或引古事，或取譬喻，或敘見聞，或記問答，都可以的。只要讀者多讀些這一類的作品，加以揣摩推敲，也就明白了。茲爲初學明瞭起見，特舉數例如下，以供參考研究。

例一：龜雖壽　　魏武帝

神龜雖壽，猶有竟時。騰蛇成霧，終爲土灰。老驥伏櫪，志在千里。烈士暮年，壯心不已。盈縮之期，不獨在天。養怡之福，可得永年。幸甚至哉！歌以詠志。

這一首樂府，通篇是四字句，初用「時」「灰」，轉押「里」，「已」，再轉「天」，「年」，三轉「志」結束。文章含蓄藉題發揮，讀者應加揣摩之。

例二：君子行　　曹植

君子防未然，不處嫌疑間。瓜田不納履，李下不正冠。嫂叔不親授，長幼不比肩。勞謙得其柄，和光甚獨難。周公下白屋，吐哺不及餐。一沐三握髮，後聖稱前賢。

這一首通篇是五字句，以然、間、冠、肩、難、餐、賢押韻，全篇沒有轉韻，只押一韻，引古事典籍很自然的寫出，前後一氣自然。

例三：廬山謠　　李白

我本楚狂人，狂歌笑孔丘。手持綠玉杖，朝別黃鶴樓。

五岳尋山不辭遠，一生好入名山遊。

這一首廬山謠，全篇沒有一定句數，且五、七言皆有，其間「丘」、「樓」、「遊」是韻，係兩句間見，讀來很順口。聽來也順耳。

例四：西門行　　佚名

出西門，步念之，今日不作樂，當待何時？

夫爲樂，爲樂當及時，何能坐愁怫鬱，當復待來茲。
飲醇酒，炙肥牛，請呼心所歡，可用解愁憂。
人生不滿百，常懷千歲憂，晝短共夜長，何不秉燭遊？
自非仙人王子喬，計會壽命難與期，自非仙人王子喬，計會壽命難與期。
人壽非金石，年命安可期？貪財愛惜費，但爲後世嗤。

這首西門行，通篇分成六節，每節成一段落，合六段成爲整個的一首詩。句法有三言句，有四言句，有五言句，有六言句，有七言句，各段各押一韻，同時是兩句一韻，第一、二段是以「之」、「時」、「茲」押在双句末字，第三、四段以「牛」、「憂」、「遊」押韻，第五、六段以「期」、「嗤」押韻、且二、四、六段第二句韻皆是與一、三、五段之最後韻相同，可算得自由之至了。

(3) 雜言及作法

詩以五言七言爲正宗，但是一言、二言、三言、四言、六言、八言、九言，都有人做過。比較適用而常見的；是三言、四言、六言、這些一般人統稱他爲「雜言」或「雜句」，茲分別說明作法如下：

甲　三　言

三言詩成熟於西漢時代，其作法要點如下：

(1) **不宜多用虛字**。

(2) **要渾厚古樸**。

(3) **至少要四句**

(4) **可以轉韻**

例：天馬歌　　　　漢　書

太一貺，天馬下，霑赤汗，沬流赭，志俶儻，精權奇，籋浮雲，晻上馳，體容與，泄萬里，今安匹，龍爲友。

右例天馬歌，通篇爲三言句，以「下」、「赭」成一韻，「奇」、「馳」成一韻，「里」，「友」成一韻，非常自由。

乙　四　言

四言詩係從詩經尚書中來的，這種體裁，用途很廣，現在流行之「祭文」，「祝詞」，都是應用四言者，茲將其作法原則列舉如下：

(1) **用字須高古**

(2) **不妨多用虛字**

(3) 可以轉韻無平仄拘束

例一：短歌行　　曹操

對酒當歌，人生幾何？譬如朝露，去日無多。慨當以慷，憂思難忘，何以解憂，唯有杜康。
青青子衿，悠悠我心，但爲君故，沈吟至今。呦呦鹿鳴，食野之萍，我有嘉賓，鼓瑟吹笙。
明明如月，何時可掇？憂從中來，不可斷絕。越陌度阡，枉用相存，契闊談讌，心念舊恩。
月明星稀，烏鵲南飛，繞樹三匝，何枝可依？山不厭高，海不厭深，周公吐哺，天下歸心。

這首四言詩，用韻四句一轉，章法非常工整。讀者可多加揣摩，自能明白。其用途很廣，不妨多加練習。

丙　六言

六言詩的作者較多，其作法與三言，四言有很大差別，玆爲讀者容易明瞭起見，先擧二例如次：

例一：黎陽作　　魏文帝

奉辭討罪遐征，量過黎山巉崢，東濟黃河金營，北觀故宅頊傾，中有高樓亭亭，
荆棘繞蕃叢生，南望果園青青，霜露慘悽霄零，彼桑梓兮傷情。

這首詩是每句押韻的：但其造句均係上四字下二字而構成，讀者可多讀兩遍，就明白了。

例二：歸山作　　顧況

心事數莖白髮，生涯一片青山，空林有雪相待，古道無人獨還。
桃紅復含宿雨，柳綠更帶朝煙，花落家僮未掃，鳥啼山客猶眠。

這首六言詩是兩句一韻，其句法與例一不同，通篇是上二字下四字，且第一句與第二句均是對偶，「心事數莖白髮，」對「生涯一片青山」，又「花落家僮未掃」，對「鳥啼山客猶眠」。

由上面所舉二例，可知六言詩的作法，應注意要點如左：

(1) **沒有一定平仄限制，但用字須求響亮**。
(2) **鍊字必須配搭均勻**。
(3) **虛字力求少用**。
(4) **句數不多，切忌轉韻**。
(5) **造句方法：有上四下二法，或上二下四法**：

▲上四下二法：例：奉辭討罪——遐征。
▲上二下四法：例：心事——數莖白髮。

(4) 五古及作法

「五古」就是五言古詩。春秋戰國是四言詩的黃金時代，三百篇便是以四言爲主體的詩集。西漢時一些文士和民間作者，都覺得四言體是有缺點，不便於抒寫情懷，和充分發揮作者的個性。紛紛努力於一種新體詩的創製，於是五言詩由醞釀而孕育起來了。

五言四言相較，雖僅一字之差，但是增加了無限回轉周旋的餘地，增加了詩的韻味風神。因此一種更進步的新詩體，在大家不斷的試驗創作下逐漸成熟，最後乃成爲一種定型的詩體，這種五言詩，在形式上與詩經，楚辭鼎足而三，終於成爲我國詩歌的正統，其典型在我國詩壇上繼續了兩千餘年之久，影響後代詩歌發展最大。

五言詩的作法，和歌謠樂府一樣，平仄不拘，長短不限，但是應注意下列數點：

(1) 五言古詩，每句的第三字，非常重要，音節要響亮，意義要顯豁。

(2) 平仄雖不拘，但應注意分配，連用五個平聲字或五個仄聲字，均是不宜的。

(3) 應將整個意思，分成數段，第一段要籠罩全篇，以後各段，每一段各有一層意思，不可紊亂。

(4) 既然一段有一層意思，如沒有設法使他貫串一起，則意思可能發生矛盾，因此作五言詩要注意貫串，其方法大概是兩句，一句結束上文，一句引起下文。

(5) 時時要對準題目寫，切勿一放不可收拾。

(6) 結束時要發揮一點感想。

上述六點係作五言古詩之要訣，茲爲讀者容易明白起見，舉例說明如下：

例一：下終南山過斛斯山人宿置酒　　杜甫

暮從碧山下，山月隨人歸，卻顧所來徑，蒼蒼橫翠微，相攜及田家，童稚開荊扉，綠竹入幽徑，青蘿拂行衣，歡言得所憩，美酒聊共揮，長歌吟松風，曲盡河星稀，我醉君復樂，陶然共忘機。

這首五言詩，全篇用平韻，中間並未轉韻，開始四句言下山，承接四句言訪友，轉四句言飲酒，最後二句言就宿。題目所包的幾個部份，全都說到，沒有一點遺漏，且段落分得很清，起句「暮從碧山下」，就籠罩全篇，結句「陶然共忘機，」是發揮感想。全篇成四段，由下山到訪友，飲酒到就宿，一線貫串，音節和諧，讀起來不但琅琅動聽，而且令人如身入其景之感。

上面說過，五言古詩的第三字是很重要的。所以這首詩的好處，就在第三字用得有勁，意義顯明。如隨、橫、入、拂、聊、吟、共等看去似很平淡，而作者應用得很恰當，使全篇生色不少。似此佳作，如非有相當功夫的作者，不能做到。

例二：行行重行行　　東漢末年作品

行行重行行，與君生別離。相去萬餘里，各在天一涯。道路阻且長，會面安可知？

胡馬依北風，越鳥巢南枝。相去日已遠，衣帶日已緩。浮雲蔽白日，遊子不顧反。思君令人老，歲月忽已晚。棄捐勿復道，努力加餐飯。

這首詩，從文字表面看，可說是一篇深刻動人的相思詞。全篇用韻平仄均有，初用「離、里，轉押知、枝。再轉遠、緩、反、晚、飯。起句「行行重行行」，就籠罩全篇，用重叠的字，以形容路途遙遠，行人勞頓，又「相去日已遠，衣帶日已緩」，句雖很通俗，寫盡思念之情入木三分，結句「棄捐勿復道，努力加餐飯。」寫的情眞意苦，無限辛酸，不言怨而怨在其中，可說是感想發揮的昇華。

又這首詩，全篇分爲四段，從遠離到眷戀到懷鄉相思，最後自慰。一氣呵成，貫串一起，讀來順口，聽來頗爲順耳，尤其是第三字如重、生、阻、安、依、日、忽、加等字用得恰到好處，使離愁別恨表達得更加動人，讀者可多加研讀幾遍，自可領會。

(5)　七古及作法

「七古」就是七言古詩。七言詩在漢魏間，雖有，可是極少；多數是五言詩。因此七言詩可說是唐朝才發達起來。五、七言詩均有古體和近體之分，古體詩指漢魏六朝的詩，近體詩指到唐朝才新形成的五、七言律詩和絕句。

七言古詩的作法，與五古同，它不拘平仄，不限長短，用韻亦很自由，可以一韻到底，可二句轉韻，或四句、六句、八句轉韻亦可，總之轉韻就是一節的意思轉變，這一節的意思未了就不可轉韻，白居易的長恨歌，全篇轉了三十個韻，他開始八句押一韻，中間有四句轉韻，有兩句轉韻，可以作爲長篇七古的範本。

七古的造句法，較之五古更爲自由，每句的字數可以參差活用的。有開手一句五言，或十言下面多是七言，或一句五言，一句七言開始，或中間變換句法，唐代詩聖李白，天才橫溢，他的古詩，尤其變化無窮。

七言古詩，每句的關節在第五字，由於每句七字，在句法上較爲寬展，所以容易流入浮滑。初學者不可不愼。至於全篇章法，重在起承轉合，層次淸楚。玆爲讀者容易明瞭，特舉數例說明如後：

例一：登幽州臺歌　　陳子昂

前不見古人，後不見來者，念天地之悠悠，獨愴然而淚下。

這一首七古，未曾用韻，兩句五言開始，以下兩句均爲六言，樂府不像樂府，又非五言雜言，仍屬七言古詩之一。

例二：寄韓諫議　　杜甫

今我不樂思岳陽，身欲奮飛病在床，美人娟娟隔秋水，濯足洞庭望八荒，鴻飛冥冥日月白，青楓葉赤天雨霜，王京群帝集北斗，或騎麒麟翳鳳凰，芙蓉旌旃烟霧落，影動倒景搖瀟湘，星宮之君醉瓊漿，羽人稀少不在旁，似聞昨日赤松子，恐是漢代韓張良，昔隨劉氏定長安，帷幄未改神慘傷，國家成敗吾豈取，色難腥腐餐楓香，周南留滯古所惜，南極老人應壽昌，美人胡爲隔秋水？焉得置之貢玉堂。

這首七古全篇只用一韻，且均爲七言。其作法首段直叙懷思韓君，次借仙宮以比朝貴，中叙諫議去官，末段期老成宿望，再出濟世，其憂世深情，溢於言外，章法起承轉合，貫串一線，其句中之第五字，如思、病、隔、翳、搖、神，應等字，均用得妙。

例三：送陳章甫　李頎

四月南風大麥黃，棗花未落桐葉長，青山朝別暮還見，嘶馬出門思故鄉。陳侯立身何坦蕩，虬鬚虎眉仍大顙，腹中貯書一萬卷，不能低頭在草莽，東門酤酒飲我曹，心輕萬事如鴻毛，醉臥不知白日暮，有時空望孤雲高，長河浪頭連天黑，津吏定舟渡不得，鄭國遊人未及家，洛陽行子空歎息，聞道故林相識多，罷官昨日今如何。

這首七言，用韻四句一轉，結尾僅兩句，所以都押韻，全篇先從時令寫起，中間叙章甫文武全才，不爲世用，又恐歸途受風波險惡，情極眞摯。結束言罷官亦不至落寞，以寬慰陳侯，恰合送別口吻，章法層次淸楚，其中第五字如暮、思、何、如、連、渡、空等之鍊字，非常工穩。

例四：宣州謝朓樓餞別校書叔雲　李白

棄我去者昨日之日不可留，亂我心者今日之日多煩憂。長風萬里送秋雁，對此可以酣高樓。蓬萊文章建安骨，中間小謝又清發，俱懷逸興壯思飛，欲上青天攬明月。抽刀斷水水更流，舉杯消愁愁更愁。人生在世不稱意，明朝散髮弄扁舟。

這首七言古詩，起句的字數參差，其開始及結束，均係寫餞別，中間敘述叔雲和送別諸人，逸興遄飛。

例五：古意　李頎

男兒事長征，少小幽燕客。賭勝馬蹄下，由來輕七尺。殺人莫敢前，鬚如蝟毛磔。黃雲隴底白雲飛，未得報恩不得歸。遼東小婦年十五，慣彈琵琶解歌舞，今爲羌笛出塞聲，使我三軍淚如雨。

這首開始每句五字，到「黃雲隴底白雲飛」以下，均是七言了，全篇前後俱用仄韻，其中兩句「黃雲隴底白雲飛，未得報恩不得歸」，獨用平韻，音節入古。

第二節　近體詩

唐朝是我國詩歌史上的黃金時代，唐代的詩人，不但承繼了前代詩人所遺留的寶貴業績，而且更發揚光大，開拓前人所不曾經歷過的途徑，創作出不少瑰奇驚人的作品。作者之多，作品之精，爲歷代所未有。使詩歌成爲一種最普遍表情達意的文藝體裁，絕非少數人的專利品。

一種文體由萌芽，成長，極盛而衰頹，這種發展，正像有機體的新陳代謝。四言詩起於周初，全盛於西周與東周之際，而衰於秦漢，五言詩始於漢，盛於魏晉南北朝，至唐而衰微。七言的歌、行及五、七律絕的體裁，六朝時開始萌芽，南北朝的樂府和齊梁詩人的聲律運動，可以說是爲唐代詩歌開闢一條光明的道路。唐代的天才作者們，集中全部精力從事於一種新詩體的創作。於是律詩和絕句就發達起來。這種以新姿態、新風格的體裁，和唐以前的古體迥然不同，所以當時稱之爲「近體詩」或「今體詩」。

所謂「近體詩」，就是他的體裁有一定的格律，有律詩和絕句二種。

律詩的格律極嚴，分「五律」、「七律」兩種。其規律是：

(1) **八句一首。每句五字者謂之五律，七字者謂之七律。**

(2) **平仄聲調一定跟着規律走。**

(3) **用韻限制。**

(4) **必須對偶。**

「絕句」又稱「絕詩」。他是把律詩截去一半，所以又稱「截」，也有「五絕」、「七絕」之分。每首四句，每句每字的平仄都有規定。

茲將各種體裁，分別說明如下：

甲　五律之各種體式及作法

「五律」就五言律詩；每首八句，每句五字，共四十個字。第一、二句稱爲起聯，又稱首聯，第三、四句稱頷聯，第五、六句稱頸聯，第七、八句稱尾聯，又稱結聯。頷聯和頸聯必須對仗工整，即其文字和意思都要成双作對。起聯和尾聯，對仗與否，作者可隨意爲之，普通作品以散句居多。

五律的每句每字，平仄都有一定。作者須按平仄譜規定寫作，但舊說每句一、三兩字可平可仄，這種說法第一字尚可通融，第三字就應特別注意了，因爲五言詩的第三字非常重要，假如隨便變換，在音節上就發生不能和諧的毛病。不過前人是有變例的，如常建所作破山寺後禪院：第五、第六句爲「山光悅鳥性，潭影空人心」。上句第三字應平聲字，今用「悅」字是仄聲，下句第三字應仄聲字，他用「空」字是平聲字。但此種變化是偶然，並不是常法。但有第七句的第三字，平仄活用的情形，就較多。只要讀者稍加注意，就可發現。

五律的押韻方法，也有一定，即第二句第四句，第六句，第八句必須押韻，第一句可以押韻，但也可以不押韻。其用韻必須以平水韻爲準，即現下坊間之詩韻合璧，詩韻大全等是。且用韻必須一韻到底，不可換韻。因此其平仄譜，也就有平起押韻式，和平起不押韻式，仄起押韻式和仄起不押韻式四種。

所謂平起，就是每首詩的第一句第二字，都用平聲字。又仄起的意思，就是每首詩的第一句第一第二字，都用仄聲字。現在分別把各體的平仄譜格式列下，並舉例說明之：

(1) 平起押韻式的平仄譜

平⊗平仄仄平韻，仄仄⊗仄平平韻……起聯
仄⊗仄平平仄，平⊗平仄仄平韻……頷聯應對仗
平⊗平平仄仄，仄仄⊗仄平平韻……頸聯應對仗
仄⊗仄平平仄，平⊗平仄仄平韻……尾聯

傍邊有⊗者是表示那一字可平可仄，其他沒有者絕對要照格式所列，不能通融。

例：風雨　李商隱

淒○涼○寶●劍●篇○，羈○泊●欲●窮○年○。
黃○葉●仍○風○雨●，青○樓○自●管●絃○。
新○知○遭○薄●俗●，舊●好●隔●良○緣○。
腸○斷●新○豐○酒●，銷○愁○又●幾●千○。

上例每句字旁○是表示平聲字●表示仄聲字的符號。

這首五律的作法，在仍、自、遭、隔等四字的技巧，仍與自二字，可說是全篇寫風雨的詩眼，遭與隔二字，即爲第七句第八句寫愁字的伏筆。借酒消愁，無聊可想。

又這首詩的第二句第一字，依上列的平仄譜，應該是仄字，今用「羈」字係平聲字。第三句第一字，應仄聲字，但今用「黃」字也是平聲字。還有第七句第一字，應仄聲，今用「腸」字也是平聲。

(2) 平起不押韻的平仄譜

平⊗平平仄仄，仄⊗仄仄平平韻。……起聯

仄⊗仄平平仄，平⊗平仄仄平韻。……頷聯應對仗

平⊗平平仄仄，仄⊗仄仄平平韻。……頸聯應對仗

仄⊗仄平平仄，平⊗平仄仄平韻。……尾聯

平起首句不押韻式，只有第一句與押韻式不同之外，其餘七句完全相同。

例：山居秋暝　　　　王　維

空山新雨後，天氣晚來秋。明月松間照，清泉石上流，

竹喧歸浣女，蓮動下漁舟。隨意春芳歇，王孫自可留。

這首五律是「尤」韻，第一句未曾入韻。起句寫雨後的秋天天氣，中描摹夜景，不漏山居。結語以「春芳歇」三字寫出不見春天的芳草，正應上了秋字。

上例依平仄譜，第二句第一字應爲仄聲字，今用「天」字係平聲，第六句第一字，應仄字，今用「蓮」字是爲平聲，又第七句第一字，應仄字，今用「隨」字是平聲字。第五句第一字，應平聲字，今用「竹」字是仄聲字。

這首詩的頷聯（第三句與第四句），「明月」對「淸泉」，「松間」對「石上」，「照」對「流」。又頸聯（第五句與第六句），「竹」對「蓮」名詞相對，「喧」對「動」，「

歸」對「下」，「浣女」對「漁舟」。均是非常工整。但文章的組織是倒裝的，因「歸浣女」「下漁舟」之意，即係浣女歸，漁舟下的意思也。

(3) 仄起押韻式之平仄譜

⊗仄仄仄平平韻，⊗平平仄仄平韻。⋯⋯起聯

⊗平平平仄仄，⊗仄仄仄平平韻。⋯⋯頷聯此聯應對仗

⊗仄仄平平仄，⊗平平仄仄平韻。⋯⋯頸聯此聯應對仗

⊗平平平仄仄，⊗仄仄仄平平韻。⋯⋯尾聯

例：月夜憶舍弟　杜甫

●●●○○　○○●●○　●○○●●　●●●○○
戍鼓斷人行，邊秋一雁聲。露從今夜白，月是故鄉明。

●●○○●　○○●●○　●○○●●　●●●○○
有弟皆分散，無家問死生。寄書長不達，況乃未休兵。

上例是仄起入韻式的五律，全篇可說是最合五律的規律了，只有第三句第一字，第七句第一字有活用，其餘均是照平仄譜的，此兩字皆應平字，而詩中各分別用「露」及「寄」字均是仄聲字。

此首詩之作法，起句言「斷人行」，末句言「未休兵」，前後相呼應，亦乃此詩的妙處，第三句第四句，「露從今夜白，月是故鄉明」。一意翻作二意，語峻體健。

(4) 仄起不押韻式的平仄譜

仄起首句不入韻式的平仄譜，除第一句與押韻式不同外，其餘七句均是相同的。

⊗仄仄平平仄，⊗平平仄仄平韻。……起聯

⊗平平平仄仄，⊗仄仄仄平平韻。……頷聯此聯對仗

⊗仄仄平平仄，⊗平平仄仄平韻。……頸聯此聯對仗

⊗平平平仄仄，⊗仄仄仄平平韻。……尾聯

例：早寒有懷　　孟浩然

木落雁南渡，北風江上寒。我家襄水曲，遙隔楚雲端。

鄉淚客中盡，孤帆天際看。迷津欲有問，平海夕漫漫。

上例仄起首句不入韻的五律，全篇每句差不多句句有活用字，不但是第一字活用，甚至第三字也活用了。如第一句的第三字，二句第一字，三句第一字，四句五句的第一字，第六句第三字以及第七句的第三字，第八句第一字均是不照規律的。此種作法係成名者之作，或是工夫精深者才可以有此佳構，初學者絕對要跟着規律走。

此首詩首聯從早寒寫起，以下六句，句句爲有懷傳神，可說神壯氣足。

由上述四種平仄譜及例看，可知五律的作法如下：

(1) 依照平仄譜規律走，除第一字可活用外，第三字最好避免活用，第二及第四字絕對不能活用。

(2) 起承轉合，應一線貫串。
(3) 頷聯及頸聯應對仗工整。(對仗作法請另詳第九章)
(4) 起聯用對偶，只適用於平起不押韻式，或仄起不押韻式；普通是不用的。
(5) 結尾聯普通均用散句，如有用對偶者，亦是例外。
(6) 押韻應一韻到底，中間不能通轉。
(7) 每首八句，每句五字，有平起仄起兩種，押韻不押韻兩式。

乙　七律之各種體式及作法

七律就是七言律詩；每首八句，每句七字，全篇是五十六個字，第一、二句叫起聯，又稱首聯，第三、四句叫頷聯，第五、六句叫頸聯，第七、八句叫尾聯，又稱結聯，七律的頷聯和頸聯，和五律一樣要講究對仗，尾聯和起聯是否對仗，作者可自由爲之。其他句數，字數，聲韻也有嚴格規定，必須一一遵守規律走，不得擅自更改。

七律每句是七字，平仄是一定的，應依照平仄譜的規律走，但通常有「一三五不論，二四六分明」。的說法，此意即每首各句單數字的平仄可以活用，而第二、四、六等雙數字，必須遵照譜式，不能通融。此說是不可爲訓的，前面說過，五言詩的第三字非常重要。則七言詩的第五字也是非常重要，最好是不要活用爲上策。第一、三字活用是可以的，初學者必須注意！

七律的規律較之五律，更爲嚴密，雖然有時爲了對偶關係，不能更換其他字時，只好予以活用，這種情形是不得已而爲之。活用時有一要訣如下：

平仄譜規定第五句是「仄仄平平平仄仄」，來說，如「伯仲之間見伊呂」句的第六字「伊」字，依平仄譜應用仄聲字，但只有用「伊」字才能與第六句的「指揮若定失蕭曹。」的「蕭」字意思典故相對偶，因爲沒有別字可換，所以其上面的第五字，本應平聲字，就必須改爲仄聲字，成爲「仄仄平平仄平仄」，不然仍舊用平聲字，就成爲「仄仄平平平平仄」，連續了四個平聲字，音節就不諧和了。

七律的押韻與五律同，其平仄譜也有平起和仄起兩種，押韻和不押韻兩式，茲分別列後並舉例說明之：

(1) 平起押韻式的平仄譜

起聯：平⊗平仄⊗仄仄平平(韻)，仄⊗仄平⊗平仄仄平(韻)。

頷聯：仄⊗仄平⊗平平仄仄，平⊗平仄⊗仄仄平平(韻)。……此聯必須對仗

頸聯：平⊗平仄⊗仄平平仄，仄⊗仄平⊗平仄仄平(韻)。……此聯必須對仗

尾聯：仄⊗仄平⊗平平仄仄，平⊗平仄⊗仄仄平平(韻)。

例：晚次鄂州　盧綸

雲開遠見漢陽城，猶是孤帆一日程。估客晝眠知浪靜，舟人夜語覺潮生。

三湘愁鬢逢秋色，萬里歸心對月明。舊業已隨征戰盡，更堪江上鼓鼙聲。

上例第二句第一字應仄聲，今用「猶」字是平聲，第三句第三應平聲，今用「晝」字是仄聲字，第五句第三字應仄聲，今用「愁」字是平聲，第七句第三字應平聲，今用「已」字是仄聲，第八句第三字應仄聲，今用「江」字是平聲字。

這首詩的作法，前半寫晚次，後半寫傷老思歸，而又歸無所託，語極悽涼可憐。中間頷聯與頸聯的，對仗非常工穩，尤其是第五字「知」、「覺」、「逢」、「對」等字的應用，更爲全篇生色不少。

(2) **平起不押韻式的平仄譜**

起聯：**平⊗平仄⊗仄平平仄，仄⊗仄平⊗平仄仄平**韻。

頷聯：**仄⊗仄平⊗平平仄仄，平⊗平仄⊗仄仄平平**韻。……此聯應對仗

頸聯：**平⊗平仄⊗仄平平仄，仄⊗仄平⊗平仄仄平**韻。……此聯應對仗

尾聯：**仄⊗仄平⊗平平仄仄，平⊗平仄⊗仄仄平平**韻。

例：客至　　　杜甫

舍南舍北皆春水，但見群鷗日日來。花徑不曾緣客掃，蓬門今始爲君開。

盤飧市遠無兼味，樽酒家貧只舊醅。肯與鄰翁相對飲，隔籬呼取盡餘杯。

平起不押韻式的平仄譜，只有第一句，與平起入韻式不同，改爲「平平仄仄平平仄」，其餘七句均與前式相同。

上例的第一句第一字，第三句第一字，第四句第三字，第六句第一字，第八句第一字和第三字，都是活用的。讀者可由上列平仄譜舉例字旁的平仄符號相對照一下，便可知道。

這首七律的作法，先以水鳥從遠處飛來，來引述客至，而後寫出題目客至，後半係敘述款待客人之情形，寫來頗見率眞，令人讀後有置身其中之感。

(3) 仄起首句押韻式的平仄譜

起聯：仄⊗仄平⊗平仄仄平（韻），平⊗平仄⊗仄仄平平（韻）。

頷聯：平⊗平仄⊗仄平平仄，仄⊗仄平⊗平仄仄平（韻）。……此聯必須對仗

頸聯：仄⊗仄平⊗平平仄仄，平⊗平仄⊗仄仄平平（韻）。……此聯必須對

尾聯：平⊗平仄⊗仄平平仄，仄⊗仄平⊗平仄仄平（韻）。

例：望月有感寄諸兄弟　白居易

時難年荒世業空，弟兄羈旅各西東。田園寥落干戈後，骨肉流離道路中。
弔影分爲千里雁，辭根散作九秋蓬。共看明月應垂淚，一夜鄉心五處同。

上例仄起首句入韻的七律，第一句第一字應爲仄聲，今用「時」字是平聲，第二句第一字應爲平聲，今用「弟」字是爲仄聲字，第七句第三字應仄字、明字是平聲字，全篇只活用叁字，可說是最合規律的一首。

這首詩作法，前路寫離亂及骨肉分散，不勝悽慘情況，使遊子之心頗有同感，結聯用「共」與「同」兩字，益足顯出離散的可悲可痛呀！

(4) **仄起不押韻式的平仄譜**

起聯：仄⊗仄平⊗平平仄仄，平⊗平仄⊗仄仄平平韻。

頷聯：平⊗平仄⊗仄平平仄，仄⊗仄平⊗平仄仄平韻。……此聯應對

頸聯：仄⊗仄平⊗平平仄仄，平⊗平仄⊗仄仄平平韻。……此聯應對

尾聯：平⊗平仄⊗仄平平仄，仄⊗仄平⊗平仄仄平韻。

例：詠懷古跡　杜甫

諸葛大名垂宇宙，宗臣遺像肅清高。三分割據紆籌策，萬古雲霄一羽毛。
伯仲之間見伊呂　指揮若定失蕭曹。運移漢祚終難復，志決身殲軍務勞。

上例仄起首句不入韻的律詩，第一句第三字，第二句第三字，第五句之第五、六字、第七句第一字第八句第五字，都是活用，讀者可由上例平仄符號與譜式對照便知，其中最特出者，是第五句，依平仄譜應作「仄仄平平平仄仄。」現例所作「伯仲之間見伊呂。」就成爲「仄仄平平仄平仄。」了，這是例外不是常有的。其原因前面已詳述，毋庸再贅。

這首詩的作法，起句從諸葛亮的大名永留人間寫起，中間極贊孔明，用論斷體的筆法寫出諸葛亮的文韜武略。結語寫諸葛亮的遺恨。

七律的作法，由上述譜與例看，他的要訣大體與五律相同。五律是第三字最好避免活用，七律則是第五字不可活用。其他句數、字數、聲韻，對仗都是如五律一樣，必需要跟着規律走，規律的基礎在字調的平仄；字調就是平上去入四聲，上去入都是仄聲。其基本譜式如上述。

律詩有偏正之分，五律以第一句第二字用仄聲，即仄起正格，第一句第二字用平聲爲平起偏格，七律以第一句押韻爲正體，不入韻爲變體。

總之律詩的要求是在工穩，有一字牽强，足以使全篇失色，唐代的律詩，可說是豐富之至，初學者最好是多觀摩，坊間的唐詩三百首選得很好，可以多見識些。

丙　五絕之各種體式及作法

近體詩的另外一種體裁，是四句一首的絕句，他與律詩同屬格律極嚴的詩體，但二者之間；有一不同之處，就是律詩不能入樂，而絕句可以配合音樂來歌唱。據全唐詩記載，當時教坊樂人，都是用士人的絕句，度曲播之管絃。

絕句分五言絕和七言絕兩種。五言絕每首四句，每句五字，共二十字，七言絕每句七字，每首四句，共二十八個字。這種每首僅有四句的小詩，每一句每一字的平仄，都有一定的，作者寫作時不可逾越原來規定的範圍。不過五絕每句的第一字平仄可活用，七絕每句的第一字第三字是可以通融活用，此點與律詩相同。

絕句的押韻方法，也是一定的。第一句有可押不可押，第二句，第四句必須押韻；用韻亦必須以當時的平水韻爲準，不得用古韻。

絕句不講究對仗，普通大多是散體，但偶也有用對句的。因爲絕句的體裁，前面已經說過，他是截取律詩的一半而成的，如一、二兩句散，三、四兩句對，便是截取律詩的前半而成，如全篇全用對偶，便是截取律詩的中間四句而成，如一、二兩句對，三、四兩句散，便是截取律詩的後半而成的，如通篇都是不對的散句，便是取律詩的首尾四句而成的，玆爲讀者明瞭分別舉例說明之。

(1)　怨情　（前散後對）　　李　白

美人捲珠簾，深坐顰蛾眉；
但見淚痕濕，不知心恨誰。

這首五絕，第一、二句是散句，三、四句成對偶。「但見」對「不知」，「心」對「淚」，「痕濕」對「恨誰」。

(2) 八陣圖　（前對後散）　杜甫

功蓋三分國，名成八陣圖。
江流石不轉，遺恨失吞吳。

這首五絕第一、二句成對，三、四句散。

(3) 絕句　（全篇成對）　杜甫

兩個黃鸝鳴翠柳，一行白鷺上青天。
窗含西嶺千秋雪，門泊東吳萬里船。

這首七絕一、二兩句成對，三、四兩句亦成對。

(4) 下江陵　（全篇散）　李白

朝辭白帝彩雲間，千里江陵一日還。
兩岸猿聲啼不住，輕舟已過萬重山。

上例是全篇散句。

絕句，雖然字數極少，但一些名詩人用這種體裁來抒情、寫景、言志、竟創出許多我國詩歌中最精彩的作品。

絕句和律詩一樣，分平起仄起兩種，押韻不押韻兩式，通常以押平韻居多，以第一句入韻爲正格，茲先分別將五絕詩體各種譜式列下並舉例說明之。

(1) 平起押平韻式的平仄譜

平⊗平仄仄平（平韻），**仄⊗仄仄平平**（叶平韻），

仄⊗仄平平仄，**平⊗平仄仄平**（叶平韻）。

例：塞下曲　　盧綸

●○○●○　●●●○○　●●○○●　○○●●○

鷲翎金僕姑，燕尾繡蝥弧；獨立揚新令，千營共一呼。

上例五絕係平起押平韻的，第一句的第一字應平聲，今用「鷲」字是仄聲，又第三字應是仄聲，今用「金」字是平聲。變成一三兩字均活用了。本來第一句的譜式是「平平仄仄平」，今變成爲「仄平平仄平」。

(2) 平起不押韻式的平仄譜

平⊗平平仄仄（不用韻），仄⊗仄仄平平（平韻）。
仄⊗仄平平仄，平⊗平仄仄平（叶平韻）。

例：聽箏　　李端

鳴箏金粟柱，素手玉房前；欲得周郎顧，時時誤拂絃。

上例悉依平仄譜走，可說是最合規律了。全篇沒有一字是活用的。其作法以末二句描寫聽字，引用故事，說明的彈箏的人，心裏要使聽箏的人回頭看她，而故意把箏上的絃線彈錯，使知音的人注意她，寫的妙趣橫生。

(3) 平起押仄韻首句不入韻式的平仄譜

平⊗平平仄仄（不用韻），仄⊗仄平平仄（用仄韻），
仄⊗仄仄平平，平⊗平平仄仄（叶仄韻）。

例：送上人　　劉長卿

孤雲將野鶴，豈向人間住？莫買沃洲山，時人已知處。

這首五絕的第四句的第三字應平聲，第四字應仄聲，今用「已」字是仄聲字，「知」字

是平聲字，不但是第三字活用，連第四字也沒有照規律，因爲出自名作者之手，本應「平平平仄仄」，現在變爲「平平仄平仄」，這是例外的。初學者絕不可仿效。

這首詩作法，首將上人身份抬高，最後用囑咐的語氣，明白如話。

(4) **仄起押平韻首句入韻式**：

仄⊗仄仄平平（平韻），**平⊗平仄仄平**（叶平韻）。
平⊗平平仄仄，**仄⊗仄仄平平**（叶平韻）。

例：哥舒歌　西鄙人

北斗七星高，哥舒夜帶刀；至今窺牧馬，不敢過臨洮。

上例仄起押平韻，首句入韻的五絕，只第三句第一字活用，其餘均合規律。全篇首兩句寫哥舒翰的威望，末二句寫哥舒翰的功勳。

(5) **仄起押平韻首句不押韻式**

仄⊗仄平平仄（不用韻），**平⊗平仄仄平**（平韻）。
平⊗平平仄仄，**仄⊗仄仄平平**（叶平韻）。

例：渡漢江　李頻

嶺外音書絕，經冬復立春；近鄉情更怯，不敢問來人。

這首詩僅第三句第一字應平聲，今用「近」字是仄聲字。全篇只有一字活用，其作法寫出久違歸鄉的情景，非親歷其景者不可道。

(6) **仄起仄韻首句不入韻式**

仄⊗仄平平仄（不用韻），**平⊗平平仄仄**（仄韻）。

平⊗平仄仄平，**仄⊗仄平平仄**（叶仄韻）。

例：竹里館　王維

獨坐幽篁裏，彈琴復長嘯；深林人不知，明月來相照。

這首詩描寫獨坐，情景逼眞。其第二句第三字及第三句第三字均活用。

由上譜式及例看，可知五絕的作法有幾個要點如下：

(1) 構思要活潑。

(2) 因字數少，不能多用虛字。

(3) 意思要含蓄，要簡約，不能過於複雜。
(4) 五絕重要處在第三句要轉得靈活。
(5) 五絕造句方法與五言古詩相同。
(6) 依規定平仄譜走，不可擅自活用。
(7) 每首四句，每句五字。

丁　七絕之各種體式及作法

七絕；就是七言絕詩，又稱七言絕句，每首四句，每句七字，共二十八個字，通常以仄起平韻爲正格，平起平韻爲偏格。共有四種譜式，茲分別列舉如下。

(1) **平起平韻首句入韻式**

平⊗平仄⊗仄仄平平（韻），仄⊗仄平⊗平仄仄平（叶平韻）；
仄⊗仄平⊗平平仄仄，平⊗平仄⊗仄仄平平（叶平韻）。

例：月夜　劉方平

更深月色半人家，北斗闌干南斗斜；今夜偏知春氣暖，蟲聲新透綠窗紗。

上例七絕的第二句第五字應仄聲，今用「南」字係平聲，第三句第一字及第四句第三字，應爲仄聲，現用「今」「新」兩字均屬平聲。全篇作法首二句寫題面「月夜」，結句以蟲聲透進綠色的紗窗裏面，以致觸動春愁之意，自在言外。

(2) **平起首句不押韻式**

平⊗平仄⊗仄平平仄（不用韻），**仄⊗仄平⊗平仄仄平**（韻），

仄⊗仄平⊗平平仄仄，**平⊗平仄⊗仄仄平平**（叶平韻）。

例：江南逢李龜年　杜甫

○○●●○○●　○●○○●●○　●●○○●○●　●○○●●○○

岐王宅裏尋常見，崔九堂前幾度聞，正是江南好風景，落花時節又逢君。

上例七絕的第二句第一字，第三句第五字甚至第六字，及第四句第一字等都是活用，讀者可由上列譜式對照便知。

這首詩作法全篇前二句說過去的盛景，末句寫落魄流落又相逢。大有昔盛今衰，凄然欲絕之感。傷龜年正以自傷，其第三句「正是江南好風景」，轉得很好，益增加結句「落花時節又逢君」的凄涼。

(3) **仄起首句押韻式**

仄⊗仄平⊗平仄仄平韻，平⊗平仄⊗仄仄平平叶平韻，
平⊗平仄⊗仄平平仄，仄⊗仄平⊗平仄仄平叶平韻。

例：楓橋夜泊　張繼

月落烏啼霜滿天，江楓漁火對愁眠，姑蘇城外寒山寺，夜半鐘聲到客船。

這首七絕的第一句第五字，第二句第三字，第三句第三字等都活用。全篇作法以愁字爲主，因愁而不能成眠，所以只聽見寒山寺的鐘聲響，更顯出客居異地；夜晚的淒情狀況。

(4) 仄起首句不入韻式

仄⊗仄平⊗平平仄仄不用韻，平⊗平仄⊗仄仄平平用韻。
平⊗平仄⊗仄平平仄，仄⊗仄平⊗平仄仄平叶平韻。

例：九月九日憶山東兄弟　王維

獨在異鄉爲異客，每逢佳節倍思親，遙知兄弟登高處，遍插茱萸少一人。

這首七絕第一句第三字，第二句第一字第三字，第三句第三字，第四句第一字，都是活用。起句寫作客在外，下句寫佳節思親及兄弟友愛之情，歷歷在目。

綜上譜例，茲將習作七絕要點列下：

(1) 七絕重在流利，平仄應依規律走爲宜。

(2) 凡平起首句不入韻式，或仄起首句不入韻式，第一句和第二句都可以用對偶的。

(3) 七絕和五絕的作法差不多，不過七絕字多一點，可以寬轉些，其重點也是在第三句轉折須靈活。

戊　排律之各種體式及作法

律詩除八句一首的五、七言律外，又有排律一體，所謂排律，就是擴充律詩中的對偶排成的長篇，五言排律是由五律演變而出，七言排律是由七律演變而成，除首尾聯外，其餘各句都必須對仗工整，一聯一聯的排下去。

排律的風格全似律詩，只是句數不受限制，長短可由作者自由伸縮。

排律因爲要受韻律及對偶之限制，句法又過於平滯，所以很難有佳作產生。因此排律在我國韻文中並沒有什麼地位。

排律以三解六韻爲正格，但有多至百韻的，其作法要件如下：

(1) **起句結句不必用對偶，中間句數無限制**。

(2) 對仗要嚴整，用字要勻稱。

(3) 運典要工穩，層次要淸楚，脈絡要貫通。

排律自中唐以後，格調漸弱，句欠警嚴，尤以七言排，更難精警，所以選家多不入帙，今姑錄五言排及七言排各一首於後，畧備一體，讀者閱後，可以知其大槪。

例：泛太湖書事寄微之　白居易

煙渚雲帆處處通，飄然人似入虛空。玉杯淺酌迎初匝，金管徐吟曲未終。黃夾纈林寒有葉，碧琉璃水淨無風。避旗飛鷺翩翻白，驚鼓跳魚潑剌紅。澗雪壓多松偃蹇，巖泉滴久石玲瓏。書爲故事留湖上，吟作新詩寄浙東。軍府威容從道盛，江山氣色定知同。報君一事應君羨，五宿澄波皓月中。

這首七言排律，前以泛湖起，寫湖中景色及泛湖之勝事，後俱書事寄微之。

例：十五夜遊　蘇味道

今夕重門啓，遊春得夜芳。月華連晝色，燈影雜星光，南陌靑絲騎，東鄰紅粉妝。管絃遙辨曲，羅綺暗聞香，人擁行歌路，車攢鬥舞場。經過猶未已，鐘鼓出長楊。

上例五言排律，皆係寫十五夜遊之景色。

第三節 俳體詩

所謂「俳體「就是凡詩文之類，其體裁涉於遊戲性質，有同俳優之談者，謂之俳體，故凡是有遊戲性的詩，稱爲「俳體詩」。以普通所見所聞的，大約有下列三種。

甲 迴文詩之作法

什麽是迴文詩，就是一首詩順讀、倒讀均可以成爲一首完整無缺的詩。這種詩通常以五絕七絕爲宜，至五律七律亦可，但較困難。其作法中間不可有一字牽强，不得有一字失黏。茲先擧一例說明如下：

例：題織錦圖迴文　蘇　軾

春晚落花餘碧草，夜涼低月半梧桐，人隨雁遠邊城暮，雨映疏簾繡閣空。

上例迴文詩如倒讀起來，便成爲：

空閣繡簾疏映雨，暮城邊遠雁隨人。桐梧半月低涼夜，草碧餘花落晚春。

由上例看，可知迴文詩的作法如下：

(1) 作迴文詩宜用平起首句不入韻式，或仄起首句不入韻式。

(2) 第一句及第三句的第一字要用平聲同韻字，如上例「春」、「人」。因爲倒轉來，第三句成爲第二句，第一句成爲第四句的末字故也。

(3) 作迴文詩必須依照平仄譜規定走，用仄起不入韻式者第一句的第一字應改用平字，第二句第一字改用仄字。

(4) 如係作律詩，則第一句，第三句，第五句，第七句的第一字都要用同韻字。

乙　打油詩之作法

所謂打油詩，源出唐人張打油的雪詩云：「江上一籠統，井上黑窟窿，黃狗身上白，白狗身上腫」。是故詩之性質近於鄙俗意思調侃者，謂之「打油詩」。打油詩的作法，多以七絕爲多，七律也有，寫作不妨把俗字，俗語運用，同時要「謔而不虐」，方算「俗不傷雅」。

例如唐胡釘鉸的

忽聞梅福來相訪，笑著荷衣出草堂，兒童不慣見車馬，爭入荷花深處藏。

又七律例嘲近視打油詩

君家兩眼太希奇，兒在身邊問是誰。日漏紙窗尋鴨子，月移花影拾柴枝。
因看畫壁磨穿鼻，爲鎖書櫥夾住眉。更有一番堪笑處，吹燈燒去嘴唇皮。

丙　轆轤詩之作法

所謂轆轤詩，就是把前人斷句，或是一句最有味的詩，輪流運用，如作絕詩可得三首。(1)用在第一句，(2)用在第二句，(3)用在第四句，用在第一句者，以用平起首句入韻式，如在第二句應用仄起首句入韻式，放在第四句則用平起首句入韻式。

還有一種稱爲連珠詩，他是把第一首的末句作爲第二首的起句，這種詩又稱爲「連環體」。

除上述三種外，尙有寶塔詩，竹枝詞，亦屬俳體之列。寶塔詩是從一字到七字，挨次作一句，其間也有每句對仗的。

竹枝詞大都是專門寫各地方的風俗習慣，或用兒女情話的口吻，寫作多用七絕。

還有一種詩與竹枝詞相近的，他是專寫水景的，這種的體裁稱爲櫂歌，和竹枝詞相近的還有一種叫柳枝詞，他是專借楊柳來寄託作者的心聲。

第三章 聲調的基礎

近體詩的聲調，是有一定的規律，五、七言絕句，還可以用古體詩的聲調，但律詩就一定要依照規律走。規律的基礎在聲調的平仄；聲調就是平上去入四聲。上去入都是仄聲。

四聲是中國人語言的特色，人人的語言中均有四聲在內，但要辨別某字是某聲，就必須學習才行，從前的人，在初學的時候，一定要學對對子，或讀四聲表。因爲四聲能辨別，平仄也就懂得了，現在的高中生，大都不能辨別四聲，所以也就不懂平仄了。以致成爲學詩的障碍，茲爲初學者瞭解，讓我們從頭說起。

第一節 四聲練習

上面說過，四聲就是平、上、去、入。以前讀書時，都要分別四聲，用朱筆在字上加圈作記號，以作四聲的識別。例如

便。

這個便字，是去聲讀如ㄅㄧㄢˇ，意思是順便、利便，現在要借作肥滿解，如「大腹便便。」其讀音如「駢」即「ㄆㄧㄢ」音，就應作爲平聲了。平聲的記號是圈在字的左下角。

°空　本來這個「空」字是平聲，即「ㄎㄨㄥ」音，意思是虛無所有，現在要借作窾洞解，就應讀如孔，即「ㄎㄨㄥˇ」音，就成爲上聲了。上聲的記號是圈在字的左上角。

風°　這個「風」字是平聲，是個名詞，如借作動詞譏刺解釋，就應讀如「諷」，此音屬於去聲了，去聲的記號，是圈在字的右上角。

疑。　這個疑字本來是平聲，意思是疑惑，假如借作屹立不動解，就讀如「屹」了，變成入聲，入聲的記號，是圈在字的右下角。

由上例看，就可知四聲的分別地方。因爲在詩的聲調音節裏，是把四聲歸納成平仄，上、去、入三聲，均爲仄聲，所以作詩時，只要分平仄就可以，不必再分上去入。但是欲求平仄不發生錯誤，必先把四聲辨別清楚，辨別四聲的方法，通常有下列要訣分別之。

(1) **平聲**：隨口平讀，聲音平和，尾音長，如東字。
(2) **上聲**：向上高讀，聲音較響亮，沒有尾音，如董字音。
(3) **去聲**：向下重讀，聲音較哀遠，尾音很短如凍字音。
(4) **入聲**：向直急讀，聲音木實，沒有尾音，如篤字音。

上述四點是聲的發音法，我們懂得每一字的發音，也就能夠辨別四聲了，茲爲初學者容易學習起見，特列舉一部份字翻作四聲於下，希初學的人，予以反覆誦讀幾遍，便能熟錬。

四聲表

平上去入
隆攏弄陸
容擁用浴
醫以意一
非誹沸弗
途杜度奪
迷米謎密
台怠隊奪
因引印乙
翻反販髮
間簡澗吉
堅繭見潔
高槁誥閣
痲馬禡陌
將獎醬雀
驚頸敬戟
仇受授石

平上去入
巴把覇捌
江講絳覺
基几記吉
魚禦御月
吳午護活
佳解戒黠
眞震晋質
旬殉順述
煩飯萬伐
先銑霰屑
蕭小笑削
遭早竈作
牙雅夏譯
香享餉謔
鶯影映益
鄒酒奏責

平上去入
庚梗更格
知指志質
私史肆率
渠拒詎掘
孤古故割
排擺敗拔
秦盡進疾
文吻問物
丸緩換活
箋剪箭節
遼了料略
桃稻盜鐸
陽養漾藥
央癢恙約
丁頂釘滴
陰飲蔭邑

平上去入
鐘腫種燭
時氏侍日
離里利律
居擧鋸厥
西洗細膝
哀靄愛曷
申笥舜室
分粉糞拂
灘坦歎脫
錢踐賤絕
腰夭要約
歌哿個骨
張漲帳酌
良兩亮略
蒸拯證職
甘敢紺鴿

平上去入
松悚宋粟
詩矢試失
微尾未物
枯苦庫闊
梨禮例栗
該改蓋葛
仁忍潤術
元阮願月
刪潸疝瑟
船篆膳舌
交絞校脚
科可課窟
長丈讓若
情靜淨夕
尤有宥亦
塩琰艷葉

匳臉歛獵　咸賺陷洽　緘減鑑甲　金錦禁急　東董凍篤
同動洞獨　空孔控哭　蒙蠓夢木

第二節　怎樣辨別平仄

四聲的發音明白了。則辨別平仄就不困難，因爲四聲中的上去入三聲，在作詩的平仄言均是歸於仄聲。所以只要四聲分得清楚，平仄也就容易了，假如四聲有點模糊，不易確定時但最低限度，亦應把平仄辨別出來。

辨別平仄的方法，說起來亦很簡單，因爲平聲和仄聲是截然不同的，平聲的字，讀音盡量延長，是不會變音如東字的讀音，拉得很長很久，字音始終不會變成別的音。至於仄聲字音是不能延長的，假如你把他拉長，所得的字音就不是原來的音了。例如「董」、「凍」字就不能延長，如勉强拉長，則字音就和「東」字音差不多了，至入聲「篤」字延長了便像「搗」字了。

所以平仄的辨別，實在是沒有困難，又有一種方法，平聲的字發音時，口是張開的，仄聲字發音時嘴巴是閉的。因此有「開口是平，閉口是仄」的說法，雖然不能完全可靠，但總可以作爲辨別時的參考。

初學作詩者，最感困擾的就是平仄的辨別，因爲現代的中小學校，所注意者是國音的四聲—陰陽上去，而不是平上去入了，因此筆者爲解決現代學生學詩的障碍，特將舊四聲表與現行的國音四聲關係，詳加研究，找出一條依據國音四聲辨別平仄的途徑來，雖然不能百分之百的可靠，但總較沒有方法可循好得多，如初學者能够仔細去揣摩，自然一切迎刄而解，達到求知的願望。

上面說過詩的聲調平仄，是平上去入，平聲可分爲上平及下平，上去入三聲爲仄聲，然而國音的四聲分爲陰陽上去，即陰是第一聲，陽是第二聲，上是第三聲，去是第四聲，國音的陰（第一聲）陽（第二聲）即爲舊四聲的上平聲與下平聲，國音的第三聲即舊四聲的上聲，第四聲爲去聲，入聲的字則歸納在國音的第一、二、三聲裡，因此如何把國音的第一第二聲裡的入聲字分別出來，就可解決困擾的問題，下面就是筆者提供給嫻熟國音的現代青年朋友，辨別平仄的參考。

甲　第一聲部份

凡注音符號第一聲字，其注音符號韻母帶有ㄚ、ㄛ、ㄜ、ㄧ、ㄞ、ㄡ、ㄟ的，其中就有一部份是屬入聲的仄字，亦有一部份平仄均有的，茲分別列下：

(1)　左列之國音符號第一聲字均屬入聲的仄字：

ㄅㄧ：偪逼　ㄆㄞ：拍　ㄆㄡ：剖　ㄈㄚ：伐法　ㄉㄚ：答搭

ㄍㄚ：嘎　ㄗㄚ：匝紮　ㄘㄚ：擦　ㄌㄜ：勒　ㄏㄟ：黑嘿

ㄙㄟ：塞　ㄛ：喔　ㄩㄝ：曰約　ㄊㄨ：禿頹　ㄑㄧㄝ：切

ㄅㄧㄝ：鱉　ㄆㄧㄝ：瞥撇　ㄊㄧㄝ：貼帖　ㄋㄧㄝ：捏揑　ㄏㄨㄛ：豁

ㄓㄨㄛ：卓桌捉涿　ㄔㄨㄛ：戳　ㄕㄨㄛ：說　ㄗㄨㄛ：作嘬　ㄓㄨㄞ：拽
ㄔㄨㄚ：歘

(2) 左列之注音符號第一聲字，其聲韻乃屬帶有ㄚ、ㄛ、ㄜ、ㄝ、ㄧ、ㄞ、ㄟ、ㄨ、ㄩ、ㄓ、ㄔ、ㄕ的其中一部份屬於平聲，但一部份屬於仄聲，玆分別列出，讀者們一看便可明瞭。

ㄅㄚ：巴、芭、笆、疤、叭、粑……平聲字
扒、八、捌……仄聲字

ㄊㄚ：他、鉈……平聲字
塌……仄聲字

ㄕㄚ：沙、痧、砂、紗、鯊、裟、莎、杉……平聲字
殺、鎩……仄聲字

ㄧㄚ：雅、鴉、丫、呀、椏……平聲字
鴨、押、壓……仄聲字

ㄅㄛ：玻、波、菠、皤……平聲字
鉢、撥、剝、鉢、餑、鎛……仄聲字

ㄍㄜ：哥、歌、荷、戈……平聲字
紇、割、鴿、胳、擱……仄聲字

ㄎㄜ：窠、軻、科、柯……平聲字
棵、顆、瞌、頦、刻……仄聲字

ㄏㄜ：訶、呵……平聲字
　　　喝……仄聲字

ㄧㄝ：耶……平聲字
　　　掖、噎……仄聲字

ㄏㄞ：咳……平聲字
　　　哈……仄聲字

ㄉㄞ：呆、獃……平聲字
　　　待、駭……仄聲字

ㄓㄞ：齋……平聲字
　　　摘……仄聲字

ㄔㄞ：釵、差……平聲字
　　　拆……仄聲字

ㄅㄟ：卑、杯、盃、悲、碑、桮……平聲字
　　　背、俾……仄聲字

ㄙㄞ：腮、思、鰓、顋……平聲字
　　　塞……仄聲字

ㄅㄠ：包、胞、苞、褒、枹……平聲字
　　　剝……仄聲字

ㄓㄠ：招、釗、昭、朝、嘲……平聲字
　　　粥……仄聲字

ㄓㄡ：州、周、洲、舟、啁、輈……平聲字
粥……仄聲字

ㄅㄣ：奔、犇……平聲字
賁……仄聲字

ㄊㄧ：梯……平聲字
剔、踢……仄聲字

ㄉㄧ：低、提……平聲字
滴……仄聲字

ㄕㄥ：升、昇、生、陞、牲、笙、聲、甥……平聲字
勝……仄聲字

ㄐㄧ：機、譏、饑、幾、雞、基、璣、磯、其、棋、肌、几、畸、奇、羈、笄、姬、稽、乩、躋……平聲字
賫、激、迹、蹟、積、績、屐、咭……仄聲字

ㄒㄧ：希稀欷唏栖溪奚嘻熹禧携犧熙西畦犀樨釐……平聲字
吸、扱、悉、蟋、晳、淅、膝、蜥、巇……仄聲字

ㄑㄧ：欺、期、溪、沏、妻、淒、棲、悽、萋……平聲字
七、柒、漆、戚、慼……仄聲字

ㄆㄨ：鋪、痡……平聲字
撲、仆、噗、扑……仄聲字

ㄉㄨ：都、嘟、闍……平聲字
督……仄聲字

ㄎㄨ：枯、骷、刳……平聲字
窟、哭、矻……仄聲字

ㄏㄨ：呼、乎、嘑、膴、謼……平聲字
昒、忽、惚、淴……仄聲字

ㄔㄨ：初、齣……平聲字
出……仄聲字

ㄑㄩ：軀、趨、怯、區、驅、嶇、瞿、胠、蛆……平聲字
曲、屈、詘、厥、蛐、砠……仄聲字

ㄒㄩ：虛、須、胥、諝、吁、訏、嘘、鬚、需、歔、繻……平聲字
找……仄聲字

ㄓ：知、支、芝、胝、蜘、之、枝、肢、鳷、脂……平聲字
氏、祗、柢、厄、隻、只、織、汁……仄聲字

ㄔ：蚩、嗤、媸、痴、摛、螭魑瓻郗眵笞絺彲……平聲字
喫、吃、抶……仄聲字

ㄕ：尸、屍、詩、師、獅、鰤、施、著、絁……平聲字
蝨、虱、濕、溼、失……仄聲字

ㄨ：汚、汙、於……平聲字
惡、屋……仄聲字

ㄊㄨㄛ：它、他、牠、拖、挖、佗……平聲字
　　　　托、託、脫、侻……仄聲字

ㄍㄨㄛ：鍋、渦、堝……平聲字
　　　　過、郭、崞、蟈、嘓……仄聲字

ㄙㄨㄛ：梭、唆、鮻、蓑、傞、娑、嗦、莎……平聲字
　　　　縮……仄聲字

ㄍㄨㄚ：瓜、蝸、刮、颳……平聲字
　　　　括、适、聒、鴰、蛞……仄聲字

ㄏㄨㄚ：花、嘩、錵……平聲字
　　　　揭、結、接……仄聲字

ㄐㄧㄡ：鳩、轇、鬮、啾、揪、湫……平聲字
　　　　糾、究……仄聲字

ㄒㄧㄚ：蝦、鰕……平聲字
　　　　瞎……仄聲字

ㄐㄧㄝ：皆、偕、階、堦、街、喈……平聲字
　　　　揭、結、接……仄聲字

ㄐㄩㄝ：嗟……平聲字
　　　　噘、撧、撅……仄聲字

ㄒㄧㄝ：靴、鞾……平聲字
　　　　薛……仄聲字

除上列的兩種第一聲字，屬於仄字或平仄相雜者外，其餘的國音符號的第一聲幾乎全是**平聲**字了，茲爲讀者明瞭起見，特一一列後，以供發生疑問時參考：

ㄅㄞ掰　ㄊㄞ胎　ㄍㄞ該　ㄎㄞ開　ㄗㄞ災　ㄘㄞ猜　ㄨㄞ歪　ㄞ哀
ㄢ安　ㄅㄢ班　ㄆㄢ潘　ㄇㄢ顢　ㄈㄢ番　ㄉㄢ丹　ㄊㄢ貪　ㄎㄢ看
ㄏㄢ酣　ㄓㄢ占　ㄔㄢ攙　ㄕㄢ山　ㄗㄢ簪　ㄘㄢ餐　ㄙㄢ三　ㄧㄢ烟
ㄨㄢ灣　ㄩㄢ鴛　ㄤ骯　ㄅㄤ幫　ㄆㄤ滂　ㄈㄤ方　ㄉㄤ當　ㄊㄤ湯
ㄋㄤ囔　ㄍㄤ缸　ㄎㄤ康　ㄏㄤ夯　ㄓㄤ章　ㄔㄤ昌　ㄕㄤ商　ㄗㄤ臧
ㄘㄤ倉　ㄙㄤ喪　ㄧㄤ央　ㄨㄤ汪　ㄅㄥ崩　ㄆㄥ烹　ㄇㄥ盟　ㄈㄥ峯
ㄉㄥ登　ㄍㄥ庚　ㄎㄥ坑　ㄏㄥ亨　ㄖㄥ扔　ㄗㄥ曾　ㄩㄥ庸　ㄧㄥ英
ㄨㄥ翁　ㄅㄨ甫　ㄈㄨ夫　ㄌㄨ嚕　ㄍㄨ姑　ㄓㄨ朱　ㄕㄨ書　ㄗㄨ租
ㄘㄨ粗　ㄙㄨ蘇　ㄆㄛ波　ㄇㄛ摸　ㄨㄛ窩　ㄧㄛ唷　ㄆㄟ披　ㄈㄟ非
ㄨㄟ威　ㄆㄠ拋　ㄇㄠ貓　ㄉㄠ刀　ㄊㄠ滔　ㄍㄠ糕　ㄆㄣ噴　ㄇㄣ悶
ㄍㄣ根　ㄓㄣ珍　ㄔㄣ琛　ㄕㄣ申　ㄘㄣ參　ㄙㄣ森　ㄧㄣ因　ㄨㄣ溫
ㄩㄣ氳　ㄣ恩　ㄚ阿　ㄇㄚ媽　ㄋㄚ那　ㄌㄚ拉　ㄎㄚ咖　ㄙㄚ撒
ㄨㄚ哇　ㄇㄧ瞇　ㄉㄧ低　ㄌㄧ哩　ㄧ衣　ㄉㄡ都　ㄊㄡ偷　ㄍㄡ勾
ㄎㄡ摳　ㄔㄡ抽　ㄗㄡ謅　ㄧㄡ憂　ㄊㄜ牠　ㄓㄜ遮　ㄕㄜ奢　ㄔㄜ車
ㄜ婀　ㄘ雌　ㄙ思　ㄡ歐　ㄅㄧㄠ標　ㄆㄧㄠ飄　ㄉㄧㄠ雕　ㄊㄧㄠ挑

ㄌㄧㄠ撩	ㄐㄧㄠ交	ㄑㄧㄠ敲	ㄒㄧㄠ消	ㄅㄧㄢ邊	ㄆㄧㄢ翩	ㄉㄧㄢ顛	ㄊㄧㄢ添
ㄐㄧㄢ肩	ㄑㄧㄢ牽	ㄒㄧㄢ先	ㄅㄧㄣ賓	ㄆㄧㄣ姘	ㄐㄧㄣ今	ㄑㄧㄣ欽	ㄒㄧㄣ欣
ㄅㄧㄥ兵	ㄆㄧㄥ娉	ㄉㄧㄥ登	ㄊㄧㄥ廳	ㄐㄧㄥ京	ㄑㄧㄥ輕	ㄒㄧㄥ興	ㄉㄨㄛ多
ㄘㄨㄛ蹉	ㄉㄨㄟ堆	ㄏㄨㄟ灰	ㄓㄨㄟ追	ㄔㄨㄟ吹	ㄗㄨㄟ椎	ㄘㄨㄟ催	ㄉㄨㄢ端
ㄊㄨㄢ湍	ㄍㄨㄢ官	ㄎㄨㄢ寬	ㄏㄨㄢ歡	ㄓㄨㄢ專	ㄔㄨㄢ穿	ㄕㄨㄢ栓	ㄗㄨㄢ鑽
ㄘㄨㄢ攛	ㄙㄨㄢ酸	ㄉㄨㄣ敦	ㄊㄨㄣ吞	ㄎㄨㄣ昆	ㄏㄨㄣ婚	ㄗㄨㄣ尊	ㄘㄨㄣ村
ㄙㄨㄣ孫	ㄓㄨㄣ諄	ㄔㄨㄣ春	ㄉㄨㄥ冬	ㄊㄨㄥ通	ㄎㄨㄥ空	ㄏㄨㄥ轟	ㄓㄨㄥ忠
ㄔㄨㄥ沖	ㄗㄨㄥ宗	ㄘㄨㄥ匆	ㄙㄨㄥ松	ㄋㄧㄡ妞	ㄌㄧㄡ溜	ㄑㄧㄡ秋	ㄒㄧㄡ修
ㄐㄧㄚ家	ㄑㄧㄚ掐	ㄐㄧㄤ江	ㄑㄧㄤ腔	ㄒㄧㄤ香	ㄎㄨㄤ匡	ㄏㄨㄤ荒	ㄓㄨㄤ莊
ㄔㄨㄤ窗	ㄕㄨㄤ霜	ㄐㄩㄢ娟	ㄑㄩㄢ圈	ㄒㄩㄢ宣	ㄐㄩㄣ君	ㄑㄩㄣ逡	ㄒㄩㄣ勛
ㄐㄩㄥ駉	ㄑㄩㄥ穹	ㄒㄩㄥ凶					

上面所列的第一聲字，均為平聲，但同一聲的字是有很多的，讀者們切莫拘泥，如最後的「ㄒㄩㄥ」凶這一聲說，尚有兇，匈，兄，胸，訩，芎，恟，洶等字，希讀者能自己去體會。

乙　第二聲部份

凡第二聲的國音符號之韻母，帶有ㄚ，ㄛ，ㄜ，ㄝ，ㄞ，ㄧ，ㄨ，ㄩ者，其中亦有一部份屬於仄聲字，或平仄相雜者，茲分別列後，以供參考：

(1) 左列的國音符號的第二聲字，均屬於入聲的仄字：

ㄅㄚˊ：拔、跋、鈸、魃

ㄈㄚˊ：法、乏、筏、閥、罰、砝、垡

ㄉㄚˊ：達、妲、怛、打、荅、韃、笪

ㄓㄚˊ：札、炸、扎、紮、閘、鍘、哳

ㄍㄚˊ：嘎、噶、軋、釓

ㄕㄚˊ：啥

ㄋㄚˊ：邋

ㄗㄚˊ：偺、咱、雜、襍、砸

ㄚˊ：嗄

ㄈㄛˊ：佛

ㄅㄛˊ：伯、栢、舶、帛、鉑、箔、百、勃、渤、博、薄、駁、菔、雹、博、蔔

ㄉㄜˊ：得、德

ㄍㄜˊ：各、格、郤、閣、骼、蛤、革、隔、膈、葛、嗝、槅、轕

ㄓㄜˊ：折、摺、轍、懾、哲、喆、蜇、謫、摘、蟄、磔、褶、翟、輒

ㄗㄜˊ：則、擇、澤、責、嘖、窄、賊、迮、幘、舴。

ㄓˊ：直、値、植、殖、質、執、蟄、跖、姪、職、擲、躑、蹢、蹠

ㄅㄞˊ：白
ㄅㄠˊ：雹、薄
ㄗㄠˊ：鑿
ㄅㄧˊ：鼻、荸。
ㄉㄧˊ：抵、笛、廸、狄、荻、敵、嫡、滌、翟、糴、蹢、鏑
ㄐㄩˊ：局、侷、挶、跼、匊、菊、掬、鞫、橘、踘、鞠
ㄗㄨˊ：足、卒、嗾、捽、鏃
ㄕㄨˊ：叔、淑、孰、熟、贖、秫
ㄉㄨˊ：獨、讀、犢、牘、瀆、櫝、髑、黷、毒、纛、頓、瀆
ㄌㄧㄝˊ：咧

ㄓㄞˊ：宅、擇、翟
ㄓㄠˊ：著
ㄗㄢˊ：咱、喒
ㄐㄧˊ：及級汲岌笈圾亟極吉急擊劇即唧脊殛踖疾嫉集籍藉輯楫戢棘寂潗佶
ㄒㄧˊ：昔、惜、腊、息、媳、熄、習、襲、席、錫、濕、檄、嶍、褶
ㄍㄨˊ：骨
ㄓㄨˊ：竹、妯、竺、燭、躅蠋朮築逐軸舳
ㄙㄨˊ：俗
ㄅㄧㄝˊ：別、蹩
ㄉㄧㄝˊ：碟、蝶、喋、牒、諜、鰈、跌、迭、瓞、蜨、耋、絰、疊、叠、螲、咥、垤

ㄐㄧㄝˊ：潔、結、拮、桔、劼、頡、擷、刼刦桀傑杰楬羯竭碣偈訐孑蝍節櫛捷婕截睫倢

ㄋㄧㄝˊ：苶

ㄐㄧㄚˊ：浹、夾、鋏、莢、蛺、頰、郟、契

ㄑㄧㄚˊ：卡

ㄐㄧㄠˊ：嚼

ㄏㄨㄛˊ：活

ㄓㄨㄛˊ：著、酌、燭、濁、鐲、琢、椓、濯、擢卓焯踔拙茁

ㄗㄨㄛˊ：昨、捽

ㄙㄨㄛˊ：索

ㄉㄨㄛˊ：奪、鐸、澤、掇、裰

ㄐㄩㄝˊ：決、訣、抉、玦、掘、角、厥、噘噱譎珏孓脚覺爵嚼爝傕絕矍攫躩

ㄒㄩㄝˊ：穴、學

上列之第二聲字，均屬仄聲字，其間或有遺漏，希讀者自行揣摩之。

(2) 下列之國音符號第二聲，其韻母有ㄚ，ㄜ，ㄝ，ㄠ，ㄡ，ㄔ，ㄕ，ㄧ，ㄨ，ㄩ者其中係屬平仄均有的。

ㄧㄚˊ：牙、芽、枒、蚜、涯、衙……平聲字
押……仄聲字

ㄔㄚˊ：茶、搽、搓、查、槎……平聲字
察、插……仄聲字

ㄒㄧㄚˊ：瑕、暇、霞、遐……平聲字
俠、狹、挾、陜、陿、峽、匣、狎、押、轄、黠、洽、祫……仄聲字

ㄜˊ：訛、俄、娥、鵝、峨、莪、哦、餓……平聲字
額……仄聲字

ㄏㄜˊ：荷、禾、和、何、河……平聲字
合、盒、部、曷、褐、鞨、盍、闔、嗑、劾、閡、、覈、貉、紇、齕、涸……仄聲字

ㄎㄜˊ：咳……平聲字
欬、殼、殼……仄聲字

ㄒㄧㄝˊ：鞋、偕、諧、斜、邪、携……平聲字
協、叶、脅、脇、頡、擷、襭、絜……仄聲字

ㄏㄠˊ：豪、嚎、濠、壕、毫、號、嗥……平聲字
鶴、貉……仄聲字

ㄒㄧㄠˊ：洨……平聲字
學……仄聲字

ㄓㄡˊ：妯……………平聲字
軸、舳……………仄聲字

ㄧˊ：移、夷、姨、胰、宜、誼、怡、飴、疑、儀、頤、彝、沂、汜、遺……………平聲字
益、懿……………仄聲字

ㄆㄨˊ：蒲、匍、葡、莆、菩……………平聲字
僕、樸、蹼、朴、濮……………仄聲字

ㄈㄨˊ：符、芙、扶、俘、鳧、孚……………平聲字
佛、彿、茯、袱、服、福、幅、蝠、氟、縛、伏……………仄聲字

ㄊㄨˊ：途、涂、塗、荼、屠、徒、圖……………平聲字
突、凸、腯……………仄聲字

ㄑㄩˊ：渠、劬、瞿、衢、蘧、蠷……………平聲字
麴、麯……………仄聲字

ㄔˊ：池、馳、遲、墀、匙、癡、痴、踟、持、治、篪……………平聲字
弛坻……………仄聲字

ㄕˊ：時、蒔、鰣、塒……………平聲字
射、十、什、拾、石、碩、食、蝕、實、湜……………仄聲字

ㄏㄨㄞˊ：懷、槐、徊、淮……………平聲字
踝、獲……………仄聲字

除上列兩種第二聲是仄聲字或平仄均有者，其餘之國音符號第二聲，大都是平聲字了，茲為讀者便利查閱起見，特再一一臚列於後，以備參考：

ㄆㄚˊ爬　ㄆㄛˊ婆　ㄆㄞˊ排　ㄆㄠˊ袍　ㄆㄡˊ棓　ㄆㄢˊ盤　ㄆㄣˊ盆

ㄆㄤˊ傍　ㄆㄥˊ彭　ㄆㄧˊ皮　ㄆㄧㄠˊ嫖　ㄆㄧㄢˊ駢　ㄆㄧㄣˊ貧　ㄆㄧㄥˊ萍

ㄇㄚˊ麻　ㄇㄛˊ模　ㄇㄞˊ埋　ㄇㄟˊ眉　ㄇㄠˊ毛　ㄇㄡˊ謀　ㄇㄢˊ饅

ㄇㄣˊ們　ㄇㄤˊ忙　ㄇㄥˊ蒙　ㄇㄧˊ彌　ㄇㄧㄠˊ苗　ㄇㄧㄢˊ棉　ㄇㄧㄣˊ閩

ㄇㄧㄥˊ鳴　ㄇㄨˊ膜　ㄈㄟˊ肥　ㄈㄡˊ浮　ㄈㄣˊ棼　ㄈㄢˊ帆　ㄈㄤˊ坊

ㄈㄥˊ逢　ㄊㄞˊ台　ㄊㄠˊ逃　ㄊㄡˊ投　ㄊㄢˊ談　ㄊㄤˊ糖　ㄊㄥˊ騰

ㄊㄧˊ題　ㄊㄧㄢˊ填　ㄊㄧㄥˊ廷　ㄊㄨㄛˊ跎　ㄊㄨㄟˊ頹　ㄊㄨㄢˊ團　ㄊㄨㄣˊ屯

ㄊㄨㄥˊ銅　ㄋㄢˊ男　ㄋㄤˊ囊　ㄋㄥˊ能　ㄋㄧˊ霓　ㄋㄠˊ撓　ㄋㄧㄡˊ牛

ㄋㄧㄢˊ年　ㄋㄧㄣˊ您　ㄋㄧㄤˊ娘　ㄋㄧㄥˊ凝　ㄋㄨˊ奴　ㄋㄨㄛˊ挪　ㄋㄨㄥˊ農

來ㄌㄞˊ 累ㄌㄟˊ 勞ㄌㄠˊ 樓ㄌㄡˊ 蘭ㄌㄢˊ 瑯ㄌㄤˊ 楞ㄌㄥˊ

離ㄌㄧˊ 僚ㄌㄧㄠˊ 榴ㄌㄧㄡˊ 連ㄌㄧㄢˊ 鱗ㄌㄧㄣˊ 涼ㄌㄧㄤˊ 零ㄌㄧㄥˊ

芦ㄌㄨˊ 羅ㄌㄨㄛˊ 巒ㄌㄨㄢˊ 倫ㄌㄨㄣˊ 隆ㄌㄨㄥˊ 驢ㄌㄩˊ 孿ㄌㄩㄢˊ

乖ㄍㄨㄞˊ 規ㄍㄨㄟˊ 冠ㄍㄨㄢˊ 光ㄍㄨㄤˊ 弓ㄍㄨㄥˊ 逵ㄎㄨㄟˊ 扛ㄎㄤˊ

狂ㄎㄨㄤˊ 頦ㄏㄞˊ 喉ㄏㄡˊ 韓ㄏㄢˊ 痕ㄏㄣˊ 杭ㄏㄤˊ 橫ㄏㄥˊ

滑ㄏㄨㄚˊ 徊ㄏㄨㄟˊ 桓ㄏㄨㄢˊ 魂ㄏㄨㄣˊ 皇ㄏㄨㄤˊ 洪ㄏㄨㄥˊ 齊ㄑㄧˊ

茄ㄑㄧㄝˊ 橋ㄑㄧㄠˊ 求ㄑㄧㄡˊ 前ㄑㄧㄢˊ 勤ㄑㄧㄣˊ 強ㄑㄧㄤˊ 晴ㄑㄧㄥˊ

全ㄑㄩㄢˊ 群ㄑㄩㄣˊ 琼ㄑㄩㄥˊ 弦ㄒㄧㄢˊ 尋ㄒㄧㄣˊ 翔ㄒㄧㄤˊ 刑ㄒㄧㄥˊ

徐ㄒㄩˊ 玄ㄒㄩㄢˊ 旬ㄒㄩㄣˊ 雄ㄒㄩㄥˊ 柴ㄔㄞˊ 潮ㄔㄠˊ 酬ㄔㄡˊ

蟬ㄔㄢˊ 橙ㄔㄣˊ 場ㄔㄤˊ 成ㄔㄥˊ 儲ㄔㄨˊ 垂ㄔㄨㄟˊ 傳ㄔㄨㄢˊ

ㄔㄨㄣˊ唇　ㄔㄨㄤˊ牀　ㄔㄨㄥˊ蟲　ㄕㄨㄟˊ誰　ㄖㄠˊ蕘　ㄖㄡˊ柔　ㄖㄢˊ然

ㄖㄣˊ仁　ㄖㄤˊ攘　ㄖㄨˊ如　ㄖㄥˊ仍　ㄖㄨㄟˊ蕤　ㄖㄨㄢˊ堧　ㄖㄨㄥˊ戎

ㄘˊ慈　ㄘㄞˊ裁　ㄘㄠˊ曹　ㄘㄢˊ殘　ㄘㄣˊ岑　ㄘㄤˊ藏　ㄘㄥˊ層

ㄘㄨˊ徂　ㄊㄨㄛˊ嵯　ㄘㄨㄢˊ攢　ㄘㄨㄣˊ蹲　ㄘㄨㄥˊ淙　ㄙㄨㄟˊ隨　ㄛˊ哦

ㄞˊ挨　ㄠˊ鏖　ㄢˊ礬　ㄤˊ昂　ㄦˊ兒　ㄧㄝˊ爺　ㄧㄞˊ崖

ㄧㄠˊ遙　ㄧㄡˊ郵　ㄧㄢˊ延　ㄧㄣˊ銀　ㄧㄤˊ羊　ㄧㄥˊ營　ㄨˊ吾

ㄨㄚˊ挖　ㄨㄟˊ韋　ㄨㄢˊ完　ㄨㄣˊ文　ㄨㄤˊ忘　ㄩˊ娛　ㄩㄢˊ元

ㄩㄣˊ紜　ㄩㄥˊ傭

上列國音符號第一聲及第二聲字的平仄分別，讀者們，應該可以明白了，至於第三聲及第四聲，即爲上聲及去聲，均屬仄聲字。希讀者們多加研究閱讀幾次，自可解決困擾問題，達到學詩的慾望。

綜上所述，平仄的辨別，應是可以解決了，倒是有一部份字是可平可仄的，其間有許多平仄不能通用，希初學者注意，假如誤用了，就犯了失粘和出韻的毛病，茲分別列舉最普通最重要而常見的字，以供初學者參考：

(1) 平仄可以通用者

衷	平聲一東	去聲一送	義同中心也
撞	平聲三江韻	去聲三絳韻	義同擊也
歙	平聲五微韻	去聲五未韻	義同噓氣也
驅	平聲七虞	去聲七遇	義同奔馳也
楷	平聲九佳	上聲九蟹	義同楷模也
諄	平聲十一眞	去聲十二震	義同誠懇貌
患	平聲十五刪	去聲十六諫	義同憂也
供	平聲二冬韻	去聲二宋韻	義同供奉也
貽	平聲四支韻	去聲四寘韻	義同餽遺也
慮	平聲六魚	去聲六御	義同憂思也
締	平聲八齊	去聲八霽	義同結也
晦	平聲十灰	去聲十一隊	義同不明也
歎	平聲十四寒	去聲十五翰	義同慨歎也
纏	平聲一先	去聲十七霰	義同繞也

燒	平聲二蕭 去聲十八嘯	義同焚燒也
撓	平聲四豪 上聲十八巧	義同擾也
颺	平聲七陽 去聲二十三漾	義同揚也
廷	平聲九青 去聲二十五徑	義同朝廷也
瀏	平聲十一尤 上聲二十五有	義同水清也
巉	平聲十五咸 上聲二十九豏	義同險峻貌
司	平聲四支 去聲四寘	義同主其事也
搖	平聲二蕭 去聲十八嘯	義同動也
矇	平聲一東 上聲一董	義同盲也
淙	平聲二冬三江 去聲三絳	義同水聲
敲	平聲三肴 去聲十九效	義同叩也
拕	平聲五歌 上聲十哿	義同曳也
瑩	平聲八庚 去聲二十五徑	義同玉色光潔也
凭	平聲十蒸 去聲二十五徑	義同倚也
吟	平聲十二侵 去聲二十七沁	義同呻吟也
砭	平聲十二塩 去聲二十九豔	義同以石針病曰砭
噓	平聲六魚 去聲六御	義同吹噓也
教	平聲三肴 去聲十九效	義同訓誨也
壅	平聲二冬 上聲二腫去聲二宋	義同塞也
除	平聲六魚 去聲六御	義同去也

施　平聲四支　去聲四寘　義同延設也

媛　平聲十三元　去聲十七霰　義同美女也

振　平聲十一眞　去聲十二震　義同擧也

怨　平聲十三元　去聲十四願　義同恨也

觀　平聲十四寒　去聲十五翰　義同視也

漫　平聲十四寒　去聲十五翰　義同水大也

歎　平聲十四寒　去聲十五翰　義同嘆息也

鈿　平聲一先　去聲十六霰　義同金飾也

轎　平聲二蕭　去聲十八嘯　義同小車也

溶　平聲二冬　上聲二腫　義同水盛也

譽　平聲六魚　去聲六御　義同毀譽也

如　平聲六魚　去聲六御　義同也

噴　平聲十三元　去聲十四願　義同鼓鼻出聲也

蜿　平聲十三元　上聲十三阮　義同屈曲之狀

瀾　平聲十四寒　去聲十五翰　義同大波也

讕　平聲十四寒　去聲十五翰　義同誣言相加也

謾　平聲十四寒　去聲十五翰　義同欺也

訕　平聲十五刪　去聲十六諫　義同毀謗也

膠　平聲三肴　去聲十九效　義同黏也

燎　平聲二蕭　去聲十八嘯　義同照也

漕　平聲四豪　去聲二十號　義同水運也

簍　平聲十一尤　去聲二十五有　義同籠也

驁　平聲四豪　去聲二十號　義同駿馬

峩　平聲五歌　上聲二十哿　義同高也

望　平聲七陽　去聲二十三漾　義同視遠也

忘　平聲七陽　去聲二十三漾　義同忽也

評　平聲八庚　去聲二十四敬　義同平議也

聽　平聲九青　去聲二十五徑　義同從也受也、聆也

拖　平聲五歌　上聲二十哿　義同引也

嘹　平聲二蕭　去聲十八嘯　義同嘹嘈也

售　平聲十一尤　去聲二十六宥　義同賣也

帆　平聲十五咸　去聲二十陷　義同帆船

讒　平聲十五咸　去聲三十陷　義同言令惡也

妨　平聲七陽　去聲二十三漾　義同害也

傍　平聲七陽　去聲二十三漾　義同旁也

防　平聲七陽　去聲二十三漾　義同戒備也

彷　平聲七陽　上聲廿二養　義同方也

醒　平聲九青　上聲二十四迥　去聲二十五徑　義同夢覺也

監 平聲十五咸 去聲三十陷 義同察也

和 平聲五歌 去聲二十一箇 義同順諧

(2) 平仄不能通用者

中 平聲一東。四方之中居中也 去聲一送。矢著其所也

思 平聲四支。心念慮也 去聲四寘。意思也

殷 平聲十二文。殷勤也，又十五刪赤黑色 上聲十二吻。當的聲音

茸 平聲二冬。苔茸也 上聲二腫。草聚貌

降 平聲三江。投降也 去聲三絳。降落也

憧 平聲二冬。意不定也 去聲三絳。凶頑貌

爲 平聲四支。作也、造也。 去聲四寘。猶因也

回 平聲十灰。義回轉也 去聲十一隊。義畏避也

正 平聲八庚。正月也 去聲二四敬。適當也

侗 平聲一東。無知也 上聲一董。直也

重 平聲二冬。複疊也 上聲二腫。去聲二宋。貴重珍重也

共 平聲二冬。義同恭也 去聲二宋。公共也

幢 平聲三江。旌旗之屬也 去聲三絳。車蓋之隱蔽物

吹 平聲四支。噓氣也 去聲四寘。鼓吹也

陂　平聲四支。畜水也
　　去聲四寘。傾也險陂

遲　平聲四支。徐行也
　　去聲四寘。待也

騎　平聲四支。跨馬也
　　去聲四寘。車騎兵也

疏　平聲六魚。稀也
　　去聲六御。記也如奏疏

分　平聲十二文。均分也
　　去聲十三問。名份也

縕　平聲十三元。十二文。赤黃色蘊釀也
　　去聲十三問。深奧也

論　平聲十三元。議說也
　　去聲十四願。辨論也

冠　平聲十四寒。衣冠也
　　去聲十五翰。衆之首也

胖　平聲十四寒。大也
　　去聲十五翰。牲之半體也

間　平聲十五刪。中間也
　　去聲十六諫。間諜也

離　平聲四支。分散也
　　去聲八霽。去也

遺　平聲四支。棄失也
　　去聲四寘。餽贈也

戲　平聲四支。嬉遊也
　　去聲四寘。戲弄也

彈　平聲十四寒。彈琴也
　　去聲十五翰。炸彈也

斤　平聲十二文。刀也，量名曰斤
　　去聲十三問。察也如斤斤較量

賁　平聲十二文。大也
　　去聲十三問。光明貌

援　平聲十三元。扶引也
　　去聲十七霰。救助也

鑽　平聲十四寒。窮究義理也
　　去聲十五翰。銳器也

弁　平聲十四寒。樂也
　　去聲十七霰。冠名

燕　平聲一先。國名
　　去聲十七霰。姓也，鳥名

牽　平聲一先。引挽也
去聲十七霰。挽舟索

鮮　平聲一先。新也，好也
上聲十六銑。少也

煎　平聲一先。烹飪之法
去聲十七霰。果品蜜漬也

料　平聲二蕭。量也計也
去聲十八嘯。物可供製造曰原料

卷　平聲一先。曲也
上聲十六銑。收藏也去聲十七霰書卷也

扇　平聲一先。扇涼也
去聲十七霰。扉也

磨　平聲五歌。艱阻也
去聲二十一箇。用具也

號　平聲四豪。大呼也
去聲二十號。名號也，淚也

膏　平聲四豪。脂也
去聲二十號。潤也

過　平聲五歌。經名，姓也
去聲二十一箇。過失也

縣　平聲一先。懸也
去聲十七霰。地方區域名

穿　平聲一先。通也
去聲十七霰。貫也

傳　平聲一先。授也
去聲十七霰。記載也

純　平聲一先。全也。十一眞純一不什也
上聲十一軫。邊緣也

燎　平聲二蕭。照也
上聲十七篠。縱火也

操　平聲四豪。把持也
去聲二十號。操守也

繅　平聲四豪。抽絲也
上聲十九皓。五色線繩也

勞　平聲四豪。用力甚也
去聲二十號。慰也

荷　平聲五歌。荷花
去聲二十哿。任也

錢　平聲一先。貨幣也
去聲十六銑。農器鐵鏟也

頗　平聲五歌。偏也
上聲二十哿。皆也

王　平聲七陽。君主也
去聲二十三漾。旺盛也

藏　平聲七陽。歷匿蓄也
去聲二十三漾。藏物也

相　平聲七陽。共也
去聲二十三漾。視也

慶　平聲七陽。福也
去聲二十四敬。賀也

量　平聲七陽。商酌也
去聲二十三漾。分量，審也

浪　平聲七陽。水流貌
去聲二十三漾。水波也

喪　平聲七陽。哀死之禮如居喪也
去聲二十三漾。亡也

攘　平聲七陽。卻也
去聲二十三漾。擾亂也

華　平聲六麻。同花也
去聲二十二禡。美觀也

長　平聲七陽。久遠也
上聲二十二養。長輩

泱　平聲七陽。水深廣也
去聲二十三漾。廣大也

行　平聲八庚。行路也。七陽。列也
去聲二十三漾。排行次第也

將　平聲七陽。幾及之詞
去聲二十三漾。將帥也

湯　平聲七陽。熱水也
去聲二十三漾。熱水沃也

亢　平聲七陽。星名角亢
去聲二十三漾。極强也

當　平聲七陽。任也
去聲三十三漾。事理合宜也

更　平聲八庚。改也，易也
去聲二十四敬。再也

迎 平聲八庚。接也（來也）
去聲十四敬。迓也（未來）

橈 平聲二蕭。楫也
去聲十九效。曲木也

輕 平聲八庚。低者或簡易也
去聲二十四敬。疾如輕敵

頃 平聲八庚。頭不正也
上聲二十三梗。時不久也

娉 平聲九青。美貌也
去聲二十四敬。媒聘也

屏 平聲九青。蔽也
上聲二十三梗。除退也

勝 平聲十蒸。任也，盡也
去聲二十五徑。勝利，名勝也

從 平聲二冬。就也
去聲二宋。待從

收 平聲十一尤。取入也
去聲二十六宥。穫多也

歐 平聲十一尤。姓也
上聲二十五有。捶擊也

橙 平聲八庚。菓樹也
去聲二十五徑。坐具也

盛 平聲八庚。受物也
去聲二十四敬。多也，極也

令 平聲八庚。使令
去聲二十四敬。法令

釘 平聲九青。釘也
去聲二十五徑。釘物也

應 平聲十蒸。當也
去聲二十五徑。答也

乘 平聲十蒸。駕也因也
去聲二十五徑。車也，載也

興 平聲十蒸。起也
去聲二十五徑。悅也

稱 平聲十蒸。言也
去聲二十五徑。度也，量也

不 平聲十一尤。未定之辭
入聲五物。不可也

禁 平聲十二侵。當也
去聲二十七沁。避忌也

喑 平聲十二侵。不能言
去聲二十七沁。默也

擔 平聲十三覃。負也
去聲二十八勘。載也

風 平聲一東。空氣相激而成風
去聲一送。諷刺也

予 平聲六魚。我也
上聲六語。與也

妻 平聲八齊。夫妻也
去聲八霽。以女與人曰妻

聞 平聲十二文。聽也
去聲十三問。名譽也

調 平聲二蕭。調和也
去聲十八嘯。曲調也

任 平聲十二侵。負擔責任
去聲二十七沁。責任也

炮 平聲三肴。同炰也
去聲十八效。鞭炮

悶 平聲十三元。不覺貌
去聲十三問。煩也

參 平聲十三覃。參議。十二侵。藥名
去聲二十八勘。與三同

占 平聲十四鹽。視也
去聲二十九豔。擅據也

縫 平聲二冬。彌補也
去聲二宋。隙也

衣 平聲五微。衣服也
去聲五未。著衣也

鋪 平聲七虞。鋪張也
去聲七遇。店鋪也

塡 平聲十一眞。壓也
去聲十二震。撫也

難 平聲十四寒。易之反也
去聲十五翰。患難也

鈔 平聲三肴。繕寫也
去聲十九效。錢幣也

掊 平聲十灰。手把土也
去聲七遇。仆也敵也

彌 平聲四支。久長也
上聲四紙。安也，息也

膜 平聲七虞。膜拜也
入聲十藥。肌肉間之薄膜也

闇 平聲十三覃。陰涼也
上聲二七感。冥也，隱悔也

創 平聲八陽。傷也
去聲二十三漾。始也

墮 平聲四支。毀壞
上聲二十哿。下墜也

禪 平聲一先。梵語
去聲十七霰。祭也

駘 平聲十灰。劣馬
上聲十賄。駘蕩

咎 平聲四豪。咎也
上聲廿五有。罪過也

妯 平聲十一尤。動也，悼也
入聲一屋。妯娌（兄弟之妻也）

第三節　失粘和拗體

古詩和樂府是極自由的，作者可以暢所欲言。唐初以後成立了律詩，就有重重的束縛，作者一定要依照規定的平仄譜走，始可免掉失粘的弊病。什麽叫做「失粘呢？譬如近體詩平仄譜規定是「平平仄仄平平仄」。雖然通常有「一三五不論，二四六分明」之說，但七言詩的第五字是很重要的，決不可「不論」，最好是盡量避免活用，而第一字是可以不論，應平可用仄，應仄可用平。至於第二字，第四字，第六字就絕對要分明，不能改換。如果平仄譜規定的二、四、五、六、七是平聲字，用了仄聲的字，或是應當仄聲的字，用了平聲的字，這種情形，就稱為「失粘」也。

失粘是近體詩之大忌，初學者應注意之，上述情形；係屬平仄之失粘。還有一種失粘情形，是詩體失粘，通常稱爲折腰體，就是第三句或第七句與平仄譜規定相反，亦謂之失粘。例如：

積雨輞川莊作　　王維

積雨空林煙火遲，蒸藜炊黍餉東菑，漠漠水田飛白鷺，陰陰夏木囀黃鸝。
山中習靜觀朝槿，松下淸齋折露葵，野老與人爭席罷，海鷗何事更相疑。

上例是仄起首句押韻式的，依平仄譜規定第二句是「平平仄仄仄平平」的，則第三句應是承第二句的，爲「平平仄仄平平仄」，但此首詩變爲「仄仄仄平平仄仄」了，與規定的格式不合，所以謂之「折腰體」，因第三句失粘故也。但本詩是第一流名詩人之作品，所以又當別論了，初學者不可爲訓。

又律詩和絕句，平仄不諧，類似古詩的，謂之拗體，拗體詩以唐代爲最多，因爲當時的第一流詩人寫律絕時，往往採用古詩的句法，不受平仄譜的拘束，不論一、三、五字或是二、四、六字，皆有拗平爲仄，或拗仄爲平者，故稱之爲拗體。

拗體有整首拗與拗一聯之分，唐之杜甫，天才橫溢，其拗體詩最多，

例一：鄭駙馬宅宴洞中　　杜甫

主家陰洞細煙霧，留客夏簟青琅玕。春酒杯濃琥珀薄，冰漿椀碧瑪瑙寒。
悞疑茅堂過江麓，已入風磴霾雲端，自是秦樓壓鄭谷，時聞雜佩聲珊珊。

這一首是整首拗的七律，至於抝一聯的是將第三字與第五字平仄互易，如趙嘏的長安秋望的第二聯。

殘星幾點雁橫塞，長笛一聲人倚樓。

還有出句第四第六字全用仄聲，對句下三字用「平仄平」的。如黃庭堅的過方城尋七叔祖舊題第二聯「清談落筆一萬字白眼舉觴三百杯」。

例二：山中答問　李白

問余何事棲碧山，笑而不答心自閑。桃花流水窅〔ㄧㄠˇ〕然去，別有天地非人間。

這一首是絕句的拗體詩。依規律應是平起押韻式，但其第二句則連續四個仄字，且以下兩句亦不依平仄譜走，亦屬整首抝體。

總之失黏和抝體之作品，非有很深的功夫，實無法做好，出自名家之手則可，初學者仍應依照譜式走。只可以明白有這種句法就可，如是您的天才超人，能够成名，在閒詠自娛時，不妨寫作，倘若是參加擊鉢吟大會，絕不宜應用。

第四章　押韻的方法

詩是有音樂性的文藝，所以必須押韻。至押韻的方法，古體詩與近體不同。古體詩可以一韻到底，也可以轉韻。但近體詩便不能轉韻，且有一定的規律，律詩押韻方法即二句、第四句、第六句、第八句必須押韻，第一句有可押不可押之分。絕句的第一句亦是有可押不可押，但第二句、第四句必須押韻。律詩和絕句的用韻，皆必須以當時的平水韻爲準，且必須一韻到底，中間不可換韻，也不得用古韻。

古詩一韻到底的，韻較凝重，而轉韻的顯較流利。轉韻的古詩，總是韻隨意轉，以平仄相間，聲調才覺好聽。前人集中時常可見。

第一節　怎樣選擇韻脚

作詩用韻是非常重要，因爲一韻裏雖有不少的字，但是可以用得很穩妥的不多。有時一個字雖很普通，但押得不當時，就覺得生硬突兀。尤其是很少見的僻字，雖意義平凡，畢竟太生澀，切勿應用。

古詩用韻，可以通轉的，何謂「通」呢？就是本音通本音。如詩韻中的一東和二冬可以通的，又八庚與九青，十蒸通。何謂轉呢？就是「轉」變他的聲音，然後相通，如一東轉變了可與三江通。四支轉變了與九佳通。茲爲初學者明瞭起見，特將詩韻按四聲分別列下，並加註古韻通轉情形於後：

(1) 上平聲韻

一東　古通冬轉江　韻畧通冬江

二冬　古通東

三江　古通陽

四支　古通微齊灰轉佳　韻畧通微齊佳灰

五微　古通支

六魚　古通虞　韻畧同

七虞　古通魚

八齊　古通支

九佳　古通支

十灰　古通支

十一眞　古通庚青蒸轉文元　韻畧通文元寒刪先

十二文　古轉眞

十三元　古轉眞

十四寒　古轉先

十五刪　古通覃咸轉先

(2) 下平聲韻

一先　古通鹽轉寒刪

二蕭　古通肴豪　韻畧同

三肴　古通蕭

四豪　古通蕭

五歌　古通麻　韻畧通麻

六麻　古通歌

七陽　古通江轉庚　譜署獨用

八庚　眞通眞韻　署通靑蒸

九靑　古通眞

十蒸　古通眞

十一尤　古獨用　韻署同

十二侵　古通眞韻　署通覃鹽咸

十三覃　古通刪

十四鹽　古通先

十五咸　古通刪

(3) 上聲韻

一董　古通腫轉講　韻署通腫講

二腫　古通董

三講　古通養轉董

四紙　古通尾薺賄轉蟹　韻略通尾薺蟹賄

五尾　古通紙

六語　古通麌　韻署同

七麌　古通語

八薺　古通紙

九蟹　古通紙

十賄　古通紙

十一軫　古通梗迥寢轉吻韻　署通吻阮旱潸銑

十二吻　古通軫

十三阮　古通銑

十四旱　古通銑

十五潸　古通軫吻阮旱轉銑

十六銑　古通阮琰豏轉　旱潸感

十七篠　古通巧皓　韻署同

十八巧　古通篠

十九皓 古通篠

二十哿 古通馬韻畧通馬

二一馬 古通哿

二二養 古通講韻畧獨用

二三梗 古通軫韻畧通迥

二四迥 古通軫

二五有 古獨用韻畧同

二六寢 古通軫韻畧同感琰豏

二七感 古通銑

二八琰 古通銑

二九豏 古通銑

(4) 去聲韻

一送 古通宋轉絳韻畧通宋絳

二宋 古通送

三絳 古通漾轉宋

四寘 古通未霽隊轉泰韻畧通未霽泰卦隊

五未 古通寘

六御 古通遇韻畧同

七遇 古通御

八霽 古通寘

九泰 古通寘

十卦 古通寘

十一隊 古通寘

十二震 古通敬徑沁轉問韻畧通問願

十三問 古轉震

十四願 古通霰

十五翰 古通勘

十六諫　古通陷轉霰

十七霰　古通願豔轉諫

十八嘯　古通效號韻畧同

十九效　古通嘯

廿號　古通嘯

廿一箇　古通禡韻畧同

廿二禡　古通箇

廿三漾　古通絳韻畧獨用

廿四敬　古通震韻畧通徑

廿五徑　古通震

廿六宥　古獨用韻畧同

廿七沁　古通震韻畧通勘豔陷

廿八勘　古通翰

廿九豔　古通霰

三十陷　古通諫

(5) 入聲韻

一屋　古通沃轉覺韻略通沃覺

二沃　古通屋

三覺　古通藥轉屋

四質　古通職緝轉物韻略通物月曷黠屑

五物　古通質

六月　古通屑葉陷轉曷

七曷　古轉月

八黠　古通月

九屑　古通月

十藥　古通覺

十一陌　古通月韻略通錫職

十二錫　古通職緝

十三職 古通質

十四緝 古通質韻略通合葉洽

十五合 古獨用

十六葉 古通月

十七洽 古獨用

作詩要押韻，本來在三百篇中，還有中韻、交錯韻等、自漢魏以來的古近體詩，大都只押句末韻。古體詩用韻較寬。但同是古音，各時代亦未盡相同，周秦時代的古音和漢魏的古音並不一樣。唐宋以後的詩人，做古體詩所用的古韻，實在是假古音，但作詩應不講考據，姑從習慣亦不妨。因此我們如作古體詩，照現在坊間的詩韻合璧等的韻書，韻目下所注的「古通某某」，用來押韻亦可。

至於作近體詩，就絕對不能通轉了，因爲近體詩重在格律，如果押韻寬弛，就顯不出他的嚴謹精神。現在讓我們來開始研究選擇韻脚的方法。例如一東韻裏的。

東、同、銅、桐、僮、童、中、蟲、弓、雄、穹、窮、風、楓、豐、充、隆、空、公、功、工、紅、逢、虹、叢、翁、通、蓬、篷、夢。

上面這些字，若選爲韻脚，當可押得很穩妥。如果是忠、終、崇、戎、蒙、瓏、籠、櫳、洪、聰、烘、忡、總這幾個字爲韻脚，看起來，似很平凡，但押起來就不易好了，因爲意義雖寬，而成語古典可以運用的很少，勉強用不成熟的字湊上，就使全篇失色，至於其他的冷僻字，如侗，狨、癃、潨、訌、豵、狆、芃、瞢、蝀、爞、氃、酮、髳、蠓等更難運用了。

基於上述，所以在作詩的時候，應先把某韻中比較好運用的字，摘錄出來，然後就詩題的意思，想出適當的字句湊合到所想定的韻脚去，再細細的吟誦幾遍，自己覺得已經是「一氣呵成」了，方算完成。

初學作詩時，大都感覺有一種困難，就是想定了一種意思，好容易造成一句，等到第二句想來想去，找不到一個適當的韻能押得穩妥，這種情形是常有的。例如白居易的望月有感寄諸兄弟妹的七律起聯。

「時難年荒世業空，弟兄羈旅各西東」。

這首七律的起句「空」字不難押，但第二句的「東」字上面，除了用「西」字外，其他的字都和弟兄羈旅的意義不相連貫的，所以除了「各西東」三字，再也沒有更好的字可用了，假如輪到東字上面要用仄聲字時，那就更無法揀字了，除非掉換位置，將第二句移作第一句去，這樣意義恐怕成爲顚倒，只好棄之不用，另選他字。此種困難是常有的。不過現在的人作詩，通常是在詩韻裏下面所引的例去找去，實在沒有辦法時，把西東兩字分開來，中間加一個仄聲的虛字，如「西復東」勉强湊起來，這樣當然是可以，但這種遷就韻脚，可能使全篇失色，不如另換意思，改用他字來得自然。因此在初學時，多選幾個韻脚，然後自由揀用，便不致因韻拘束而發生不快的心理。例如要寫山水之勝，可在「二蕭」韻裏揀出蕭、撩、銷、消、囂、嬌、招、描、橋、飄、妖、瀟等幾個字。

假如是寫發抒感慨的詩，最好是在「一先」韻裏揀出前，天、憐、年、牽、邊、仙、然、堅、烟、緣、宣等幾個字爲宜。

第二節　押韻的方法與忌戒

上面一節裏，已經把押韻的方法，約略說過；但是還有幾種方法，必須加以說明，最普通的有下列三種：

(1) **押一個獨立的字法**：如王之渙的登鸛雀樓詩。

白日依山盡，黃河入海流；欲窮千里目，更上一層樓。

這首五絕是仄起首句不入韻式的，其第二句「流」字及第四句「樓」字均是押一個獨立的字。

(2) **押兩個連續字法**：這種押法如王維的相思詩。

紅豆生南國，春來發幾枝。願君多采擷，此物最相思。

這首五絕的第二句「幾枝」及第四句的「相思」，均是押兩個連續的字。

(3) **押三個字法**：這種押法如王之渙之出塞詩。

黃河遠上白雲間，一片孤城萬仞山，羌笛何須怨楊柳，春風不度玉門關。

這首七絕是平起首句入韻式，其「白雲間」，「萬仭山」，「玉門關」均是三字的。是爲押三字法。

總之，押韻的方法，前面所說的只是提供初學者的一種門徑，習作時尚須注意下列八種戒忌，這是指近體詩而言。

(1) **戒出韻**：「出韻」又稱「落韻」，他是近體詩最忌的，因爲詩韻有一定的歸納，如第一句用「一東」韻的字，則全詩都應押一東的韻字，假如中間偶然有一句押一個和一東相似的二冬韻，在近體詩是不許的，犯了這個毛病，就叫做「出韻」。

(2) **戒重韻**：所謂「重韻」，就是一字有兩種意義，在一首詩裏，不能同時出現，如「行」字，一種意義是行動，一種意義是「行列」；如果同時在一首詩裏用上，就是叫重韻，應該戒之。

(3) **戒湊韻**：「湊韻」俗稱「掛韻脚」，就是一首詩裏如有所押的韻，與全句的意義不相貫串，勉強湊合而成的。如「弟兄羈旅各西東」一句，因爲要用東字，而東字上面應爲仄聲字，西字無法應用，換成西又東，或是把東字不要換成同韻的「戎」字，這樣便是湊韻，應戒之。

(4) **戒倒韻**：所謂「倒韻」，就是兩字有連續性的，不能顚倒活用，如「英雄」不能顚倒爲「雄英」，「山林」不能顚倒爲「林山」，或是爲了遷就韻脚，而把他活用，這樣便是叫倒韻。

(5) **戒復韻**：所謂「複韻」，就是一韻中的幾個意義相同的字，同時在一首詩中並用，如七陽的「香」、「芳」、十一尤的「憂」、「愁」字。一首詩中，不可並押。

(6) **戒啞韻**：所謂「啞韻」，就是所押的韻字不够響亮，或是字雖普通，而意義不甚明顯的，均叫做啞韻。如一東韻裏的僮、崇、忡、恫、懵等字，如果用了，非但字句不挺，且使全詩失色。

(7) **戒別韻**：所謂「別韻」、就是押韻時要注意別有解釋的韻，初學者必須盡量避去，因爲字有實字虛用的，有虛字實用的，如果你不大明瞭時，就會發生錯誤。如一東的「風」字，不能作風刺解，因風刺的風字是去聲一送韻，屬於仄聲字，又四支的「思」字，不能作意思解，因爲意思的「思」字是去聲四寘韻，是仄聲字也。其他尙有很多這種情形，請詳第三章第二節怎樣辨別平仄的平仄不可通用字。

(8) **戒僻韻**：僻韻又稱險韻，就是普通很少見的字、雖是把他的意思解釋出來，是很平凡的。但最好不用爲宜。如一東韻裏的蝀、酮、瓏、侗、狆等都是僻韻。

第三節　轉韻限韻與用韻

(一) **所謂轉韻**，近體詩是沒有此項自由的，只有古體詩才可以轉韻的，其轉法也沒有一定，通常兩句一轉，和四句一轉爲最多，且平仄亦可以隨便揀押，例如唐高適的燕歌行，全篇共用六個韻，頭四句是仄聲韻，次四句轉爲平聲韻，再次四句又是仄聲韻，接下四句又轉平聲韻，再接下連續八句用仄聲韻，最後四句又是平聲韻，如此平仄相間，音調非常流利。還有白居易的長恨歌、琵琶行等音調也很好聽，其轉韻方法，主要也是平仄相間。但平仄相間，最好不要過於呆板，如一平就接一仄，或是一連幾韻總是用平，或總是用仄，這樣機械化的作法，亦屬不宜。雜言的古體詩，轉韻方法更以參差不齊爲美，轉韻的要訣每轉一韻第一句必需押韻。以下逢單的句子，就不必押韻了。

㈡ **所謂限韻**，是由他人限定幾個韻字，這種作法大都是很難押的，所以又稱「險韻」；押險韻的詩要押得自然爲佳作，不然牛唇不對馬嘴；就鬧笑話了。

例如梁武帝時，曹景宗出征凱旋，侍武帝宴，群臣用韻已盡，只餘競病兩字留待景宗，景宗作詩云：

去時兒女悲，歸來笳鼓競⊗，借問行路人，何如霍去病⊗。

這首詩將「競病」二字，押得很自然。

㈢ **所謂用韻**：就是用前人所作的某詩的韻，叫做「用韻」。用韻必須依照前人所押的次序，不可顛倒錯亂，並且要和本題有些關係，例如寫「秋興」，就用杜甫的秋興詩所用的韻。如寫「月夜」就用劉方平的月夜詩的韻等等。不過用前人某詩的韻，做同樣的詩，須求作得與前人不相上下，否則不過題目好看而已，不如自行選擇韻字爲宜。

第四節　次韻疊韻與分韻

㈠ **所謂「次韻」**：就是用他人所寄的詩韻，叫做「次韻」又稱「步韻」，又稱「和韻」。次韻也要完全依照原詩的次序，不可顛倒錯亂，且要比原詩押得工穩，否則不能相稱。

㈡ **所謂「疊韻」**：就是用已經做過的詩韻，叫做「疊韻」。例如先做一首元宵即景，用「天」，「妍」，「先」三個韻。後來寫詠梅花詩，仍舊用天、妍、先、三個韻，這種作法叫做疊韻，假如您再寫一首月夜，又再用這三韻時，就叫做三疊前韻。倘若連續疊韻，便稱四疊或五疊……。疊韻過多，就可能發生牽强湊合的毛病，所以不必過於逞能，以免弄巧反拙。

㈢ **所謂分韻**：就是幾個人同做一個題目的詩，把古人的一句成句，或詩句、詞句、各拈取一字做韻，如有吟友五人，元宵夜聯吟，取李白夜思詩第一句「牀前明月光」作分韻，拈得「光」字者，因爲光字屬「七陽」，他的詩就用七陽韻。那個拈得「前」字，因前字是一先則他的就用一先韻，誰拈得「月」字就得押仄聲「六月」的韻了。

所以分韻要依人數而定，五人七人用詩句爲宜，四人用成語、六人、八人、九人用詞句。至於作什麼體裁的詩，就不要限定了，因爲如限定爲近體詩，則拈得仄韻的人，就很困難下筆了。

第五章　詩的結構研究

所謂結構？就是章法。詩的結構和散文一樣，都要注意章法，使全篇有層次，有轉接，通常稱爲起、承、轉、合。但呆守這個方法，所做出來的詩，似乎刻板得很。雖然這個方法，可以給初學者一個入門。以筆者之主張：最要者在首尾相照，前後呼應。古體詩重在層次分明，並無一定方式，近體詩有平仄譜可循，茲擧杜詩蜀相七律一首如後。

丞相祠堂何處尋？錦官城外栢森森。映階碧草自春色，隔葉黃鸝空好音。
三顧頻煩天下計，兩朝開濟老臣心。出師未捷身先死，長使英雄淚滿襟。

上例乃杜甫初到成都訪諸葛廟時所寫，前半首寫祠廟荒凉、後半首寫諸葛亮心事，居今懷古，感慨實深。起聯兩句用問答式句法，說明祠堂地點。三、四兩句，寫祠堂景色，用「草自春色」，「鳥空好音」，以形容其凄凉，而有覩物思人之意，而引起五、六句讚美及尾聯惋惜的感慨。八句四聯，層次井然，前後呼應。

詩的章法，清沈德潛說詩晬語說：「詩貴性情，亦須論法，亂雜無章，非詩也。然所謂法者，行所不得不行，止所不得不止，而起伏照應，承接轉換，自神明變化於其中。若泥定此處應如何，彼處應如何，不以意運法，轉以意從法，則死法矣。試看天地間，水流雲在，月到風來，何處看得死法？然則詩之章法，初學不可不知，然亦不可固執拘泥不化；所謂神而明之，存乎其人也。」」斯論實很持平中肯。茲爲初學明瞭，特將詩的章法分成數要點，分別詳細說明。

第一節　點題的方法

詩的章法第一是「點題」，點題又稱破題。在那一句點題並不一定，通常是在第一第二兩句爲多。其方法有下列數種。

(1) **順點法**：這種點題法是把詩題，順序在詩中點清出來。例如

例(一)　寒食　韓翃

春城無處不飛花，寒食東風御柳斜。日暮漢宮傳蠟燭，輕煙散入五侯家。

上例的第二句，就把詩題「寒食」點出。

例(二)　月夜　劉方平

更深月色半人家，北斗闌干南斗斜。今夜偏知春氣暖，蟲聲新透綠窗紗。

上例的第一句點出詩題的「月」字，第三句點「夜」字。

例(三)　回鄉偶書　賀知章

少小離家老大回，鄉音無改鬢毛催。兒童相見不相識，笑問客從何處來。

上例在第一第二句分別順序點出「回鄉」二字。

(2) **比喻法**：這種點題法，並不正寫題目，係另外找一個事物來比喻。

例一：贈　別　　　　杜　牧

娉娉嫋嫋十三餘，豆蔻梢頭二月初。春風十里揚州路，卷上珠簾總不如。

這首詩題是贈別，作者引豆蔻來形容她貌美態嬌，以點出分別的依依不捨。

例二：近試上張水部　　　　朱慶餘

洞房昨夜停紅燭，待曉堂前拜舅姑。妝罷低聲問夫婿，畫眉深淺入時無。

上例係借新婦的粧飾以比文章，以問夫婿畫眉深淺，來比喻獻詩感激提拔的意思。

(3) **反托法**：這種點題法，係從反面着想，以托出題目本意。例如

例一：征　人　怨　　　　柳中庸

歲歲金河復玉關，朝朝馬策與刀環。三春白雪歸青塚，萬里黃河繞黑山。

上例征人怨，以歲歲朝朝，言無已時托出「怨」字，中以「金河復玉關」「馬策與刀環

」托出征人來，末寫河山常在，以點出征人的怨，深如刺骨。

例二：喜外弟盧綸見宿　　司空曙

靜夜四無鄰，荒居舊業貧。雨中黃葉樹，燈下白頭人。
以我獨沉久，愧君相見頻。平生自有分，況是霍家親。

這首五律，先敘靜夜無鄰，寂寞貧老，人多厭棄，以托出外弟見宿的可喜，結聯道出是友是戚，其情深可見。

(4) **陪襯法**：這種點題的方法，是先用一句別的意思，來引起本題的意思。

例一：烏衣巷　　劉禹錫

朱雀橋邊野草花，烏衣巷口夕陽斜。舊時王謝堂前燕，飛入尋常百姓家。

上例，先以「朱雀橋」來引出「烏衣巷」爲正寫題面，末寫堂空燕去，道出富貴榮華不可恃。

例二：下江陵　　李白

朝辭白帝彩雲間，千里江陵一日還。兩岸猿聲啼不住，輕舟已過萬重山。

這首下江陵，先寫朝辭白帝城來引出江陵。以千里路一日而還，可見狹水行舟之速，寫出下流之易。

(5) **翻空法**：這種點題法，不在題面着想，而在題目的夾層裡，尋得一點意思，懸空翻騰。

例一：江雪　　柳宗元

千山鳥飛絕，萬徑人蹤滅。孤舟簑笠翁，獨釣寒江雪。

上例作者先從「雪」字，想到大雪時，山裏的飛鳥絕跡，路上行人蹤跡消滅，然後**以見一隻孤獨的船裏，有穿簑衣戴笠帽的老人，刻畫出江字，始將全題點出。**

例二：春雪　　韓愈

新年都未有芳華，二月初驚見草芽。白雪却嫌春色晚，故穿庭樹作飛花。

這首詩從春字想到新春裏的芳華及草芽，然後點出雪字。

(6) **推進法**：這種點題方法，是從題目表面的意思，進一步想出一個更深一層的意思。

例一：閨怨　　王昌齡

閨中少婦不知愁，春日凝粧上翠樓。忽見陌頭楊柳色，悔教夫婿覓封侯。

上例題面是寫怨，但他偏從「不知愁」三字說起，以逼出下文，到了春天她化裝好了，走到樓上，看見春天田路的柳色，始覺得這大好的春光中，自己過着寂寞生活，而懊悔當初要丈夫去謀求做官的事，不言怨，而怨在其中。

例二：夜　思　李　白

牀前明月光，疑是地上霜，舉頭望明月，低頭思故鄉。

此例題目是夜思，而他偏從寫霜以見月，因月而起思，意思不但是深入，而且層出不窮，最後點出思字來。

(7) **素描法**；這種點題法，不寫題目本意，但其意思寫出來，很自然的與題目闕合。

例一：出　塞　王　昌　齡

秦時明月漢時關，萬里長征人未還。但使龍城飛將在，不教胡馬渡陰山。

上例題目是出塞，但他用反逼筆法，寫國有將才，邊境自靖，以扣題面出塞。

例二：逢入京使　岑　參

故園東望路漫漫，雙袖龍鍾淚不乾。馬上相逢無紙筆，憑君傳語報平安。

上例　題面是逢入京使，而他只寫想念故園，而相隔遙遠，欲歸不得的悲感，結句始說逢入京使，託帶口信以慰家人。

(8) **興起法**：這種點題方法，是借一件「事」或「物」作爲興起的感想。

例一：赤　壁　　杜　牧

折戟沉沙鐵未銷，自將磨洗認前朝。東風不與周郎便，銅雀春深鎖二喬。

上例赤壁，作者因物而感人，興起用假設語，道出當時曹操的野心，以及赤壁之戰的天幸，東吳沒有遠志的感想。

例二：長信怨　　王　昌　齡

奉帚平明金殿開，暫將團扇共徘徊。玉顏不及寒鴉色，猶帶昭陽日影來。

這首長信怨，作者以捧掃帚等候宮門開啓，借團扇興起失寵的哀感，尤其是連用「不及」、「猶帶」，更顯出其妒人之寵，自怨之深。

總之：作詩和寫散文不同，所以點題的方法決不宜老實直寫，最好要有含蓄，才可以供欣賞。不然大笑狂吼，只教人心緊，有什麽可欣賞呢？上面所述的點題方法，從(一)到(八)各式，可說是最好的方法，如何能應用裕如，讀者可就所學各式及例多加揣摩，然後參活運用，就能如意了。

第二節　起句的方法

一首詩的起句，可說與全篇極有關係，如起句平淡無奇，就不能使全詩振作，如果起句就籠罩全篇，突兀挺拔，則可為全詩生色。

絕詩的起句，是在第一句，律詩則在第一句第二句，其方法有明起、暗起、陪起、反起各法，茲分別說明並舉例如後：

(1) **明起法**：所謂明起法，就是開手就寫題目的正意。例如

例：春曉　孟浩然

春眠不覺曉，處處聞啼鳥。夜來風雨聲，花落知多少。

上例詩題是春曉二字，開手就把題目的正意寫出來，可說一目瞭然，再如第一節所引的「回鄉偶書」的起句：「少小離家老大回。」亦是開始就正寫題面。

(2) **暗起法**：暗起法是不把題面直說，只是暗暗的把題目點出：

例：春怨　金昌緒

打起黃鶯兒，莫教枝上啼。啼時驚妾夢，不得到遼西。

這首春怨起句不寫題面，而是為「驚妾夢」，故要把黃鶯兒打走，不言怨而已把怨暗中

點出很深矣。

(3) **陪起法**：所謂陪起法，就是先借他種事物說起，然後引出本題。

例：夜上受降城聞笛　李　益

⊠⊠⊠⊠⊠⊠⊠

回樂峯前沙似雪，受降城外月如霜。不知何處吹蘆管，一夜征人盡望鄉。

這首七言絕詩的起句，先寫「回樂峯」的沙塵像雪樣的多，以引出「受降城」外月光皎潔，以點出夜來，再正寫題面。又李白的下江陵，劉禹錫的烏衣巷，均是陪起法的。

(4) **反起法**：所謂反起法，就是不說題目的正面，而是從題目的反面說起，以引出正題。

例：怨　情　李　白

⊠⊠⊠⊠⊠

美人捲珠簾，深坐顰蛾眉，但見淚痕濕，不知心恨誰。

上例題目是怨情，而起句竟寫看見一個很嫖亮的女子，坐在房裏發愁，再寫她的淚痕，描摹出怨情來。又如司空曙的喜外弟盧綸見宿的起句先寫「靜夜四無鄰」以引出喜來。

第三節　怎樣作承句

上一節是談詩的起句方法，現在讓我們來研究詩的承句作法。

絕詩的第二句，謂之承句。律詩的承接在第二聯（頷聯），就是第三句第四句，因爲承句必須預備關合題目，所以又稱束題。

承句的作法要點如下：

1. 要緊接起句，意思不可鬆泛，不可肆放。
2. 意思必須承接得緊湊，能一氣連貫而下。
3. 必須注意預備關合題目。

例一：新嫁娘　王建

三日入廚下，洗手作羹湯。未諳姑食性，先遣小姑嘗。

這首新嫁娘的承句「洗手作羹湯」，緊接起句的「入廚下」。因爲「入廚下」，所以「洗手作羹湯」，上下的意思是兩種意思，但是一氣連貫的，其洗手作羹，就描寫出新嫁娘侍姑的情形，是如何謹愼將事，這可見其預備關合題面「新嫁娘」了。因爲是新的關係，所以有洗手作羹遺嘗的謹愼行動。

例二：過故人莊　孟浩然

故人具雞黍，邀我至田家。綠樹村邊合，青山郭外斜。

開軒面場圃，把酒話桑麻。待到重陽日，還來就菊花。

上例是五律的第二聯「綠樹村邊合」「青山郭外斜」。是描寫故人處的村邊景色，緊接「邀我到田家」，因爲到田野的人家，所以看見城外鄉村的景色情形，兩種意思連貫而下。其寫田莊故人處的景色，即是關合題面。

第四節　轉折的方法

詩的結構，起句與承句的作法明白了，進一步就是要談到轉句的作法。絕詩的轉句是在第三句，律詩的轉句，是在第三聯（即頸聯。）就是第五句第六句。所以又稱「詩腹」。

轉句在一首詩裡，是很重要的，所以必要轉得靈活，但不可離題太遠，一放不可收拾，茲將通常轉折的方法，分別舉例說明如下。

(1)　**進一層轉法**：從題目的本意，推進一層說。

例：金谷園　　杜牧

繁華事散逐香塵，流水無情草自春。日暮東風怨啼鳥，落花猶似墜樓人。

上例題目本意是金谷園，故起句承句寫金谷園的荒廢，轉句從金谷園的荒廢進一步想到傍晚時，東風裏鳥兒啼出的聲音，似帶有哀怨，大有弔古之懷。

(2) **退一步轉法**：所謂退一步轉法，就是從題目的本意，退後一步說。

例：涼州詞　王翰

葡萄美酒夜光杯，欲飲琵琶馬上催。醉臥沙場君莫笑，古來征戰幾人回。

這首涼州詞，題目本意是寫從軍的戰士慷慨從戎的心聲。從欲飲美酒，忽然馬上發出琵琶的聲音，催他趕快動身出發，所以飲不得酒。故退一步想；儘管在這裡喝醉了，則躺在戰場上，你們不要笑我。

(3) **推轉法**：所謂推轉法，就是把題目的本意推廣說。

例：宮詞　白居易

淚盡羅巾夢不成，夜深前殿按歌聲。紅顏未老恩先斷，斜倚薰籠坐到明。

這首宮詞，題目本意是寫宮女的寂寞苦悶，從難成眠，羨他人得寵，推廣到自己年紀未老，青春美貌尚在，就失去君王的愛，後日何以爲情的悲傷。

(4) **反轉法**：所謂反轉法，就是從題目的反面意思轉到題目正義來。

例：淮上喜會梁川故人　韋應物

江漢曾爲客，相逢每醉還。浮雲一別後，流水十年間。

歡⊗笑⊗情⊗如⊗舊⊗，蕭⊗疏⊗髮⊗已⊗斑⊗。何因不歸去，淮上對秋山。

上例是五言律詩，題目本意是淮上喜會故人，從喜會故人轉到反面，說舊時的歡笑交情，和現在的衰老情形。

上述四種方式，一、四兩式，很容易見到、第二式較難些、第三式如不注意，可能發生一放不可收拾的。初學者應該注意。

第五節　如何結束全詩

詩的結句，可說是全詩的精神，必須要有餘意，故稱爲「斷句」，又稱「落句，」又稱「詩尾。」律詩的結束在尾聯，就是第七第八句。絕詩是第四句。

結句的作法，通常是就題作結，或在題目以外想出意思來，茲分別說明如下：

例一：已　涼　　　韓　偓

碧闌干外繡簾垂，猩色屏風畫折枝。八尺龍鬚方錦褥，已⊗涼⊗天⊗氣⊗未⊗寒⊗時⊗。

上例題目已涼，先寫室內，次寫牀中的禦寒東西，最後再說到已涼的天氣，就題作結。

例二：秋　夜　曲　　　王　維

桂魄初生秋露微，輕羅已薄未更衣，銀箏夜久殷勤弄，心怯空房不忍歸。⊠⊠⊠⊠⊠⊠⊠

上例秋夜曲，先寫秋夜，而後從秋夜說到彈箏，是寫曲字，再從彈箏說到害怕空房裏寂寞的情調，所以不忍回去，結句好似與題目無關，但又好像和題目切合，這就是在題目以外想出的結束意思。其「心怯」是承「已薄未更衣」來的，並不是隨意杜撰的。

詩的結構說到這裡，讀者們應該明白了，茲爲初學者有進一步瞭解，特舉下列三題，提示結構之大意，請讀者們試行創作看看。

(1) 送友出國留學

起句：說出男兒應志在四方作爲引起。

承句：說出萬里壯遊是令人可羡的。

轉句：說出國家需要人材。

結句：希望友人努力學成回國服務。

(2) 寄女朋友

起句：借時令描寫作引起。

承句：因景物而想到女朋友。

轉句：叙述想念之殷切。

結句：希望她給您一點安慰。

(3) 金門砲戰勝利有感。

起句：說金門的形勢作引起。

承句：說出金門的戰略重要是保衛臺澎的門戶或引一點過去的事跡。

轉句：說出共匪盲目射擊及我三軍健兒英勇反砲戰的勝利。

結句：說到金門是將來反攻的跳板作結。

上述三題，詩體及用韻，讀者們可自由選擇試作。

第六章　修辭的研究

詩的修辭可分爲字法和句法研究。一首詩的好壞，是在字句的選擇，是否得當？因爲詩和散文不同的地方，就是散文可以自由加減字句，而詩則不可能，尤其是近體詩更不能隨便的。同樣一句話，在散文這樣做，但在詩就不能這樣寫了。換句話說，如果沒有詩的意味，就失掉詩的本質，不能算是詩。茲隨便舉出下列一句散文爲例說明之。

例如晉王石軍字帖句：

「寒食近，得且住爲佳耳。」

上例可說是兩句散文，如以作詩着眼，則可改成下述一句詩：

「且住爲佳寒食近」。

又隨園詩話裏有一段說：有一個担糞的園丁，看見園裏的梅花將開了，對主人說：

「梅樹滿身是花！」

主人聽了，觸動詩興，就把園丁的話改爲詩：

「梅孕一樹花。」

由上述例看，學詩除了知道「詩體」、「平仄」、「押韻」、「結構」等的形式上要件外，進一步就必須注意字句的研究，才能使詩生色，但究竟如何研究，請各位讀者再看下文，自能瞭解。

第一節　鍊字的方法

詩的字法，不是隨便的，同樣一個字，放在這一句便好，放在別句裏就不一定好，或是這一句裏必須用這一個字，那一句裏又必須用那一個字，所以一句的好壞，全在用字的關係。洪邁容齋隨筆說：「一首五律詩，如四十位賢人，著一屠沽兒不得」。此言乃指一字失當，足累全篇。尤其是詩句裏的動詞或形容詞，如用得好，可使全句生色不少。如王維句：

泉聲咽危石，日色冷靑松。

這兩句裏的「咽」字和「冷」字用得很好，使這兩句詩增加精神不少。這種字稱爲「詩眼」，也叫做響字。大約詩自魏晉以來，便注意鍊字了，如謝靈運的「原隰荑綠柳，墟囿散紅桃」。的「荑」字和「散」字，陶淵明的「神淵寫時雨，晨色奏景風。」的「寫」字或「奏」字，都是經過選擇鎚鍊的，尤其是唐人的近體詩，鍊字更是工奇。如杜甫的蜀相與登樓句：

「映階碧草自春色，隔葉黃鸝空好音。」…蜀相句。

「錦江春色來天地，玉壘浮雲變古今。」…登樓句。

又白居易的西湖晚歸句

「煙波淡蕩搖◎空碧，樓殿參差倚◎夕陽。」

由上述各例看，可見每句詩裡動詞及形容詞的重要。還有詩中的叠字，也須用得妙。石林詩話說：「詩下双字極難，須使七言五言之間，除去五字三字外，精神興致，全見於兩言，方為工妙。」如王維的名句「漠漠水田飛白鷺，陰陰夏木囀黃鸝。」這兩句詩的好處，全在「漠漠」「陰陰」四字，形容的好。

基於上述，詩句的好壞，全在用字，用字的方法，全在鍛鍊，所以叫做「鍊字」。大概每句詩裡所要鍛鍊的字是動詞如「來」、「變」等字或形容詞。如「漠漠」、「陰陰」等字。因為動詞及形容詞，在一句詩裏，佔最重要的地位。

茲為初學者明瞭起見，特將鍊字的方法，列下並舉例之。

甲　五言詩的鍊字法，有四種：

(1) 鍊第二字法

竹喧◎歸浣女，蓮動◎下漁舟。……王維山居秋暝句

林臥◎愁春盡。……孟浩然宴梅道士山房句

欲窮千里目。……王之渙登鸛雀樓句

(2) **錬第三字法**

泉聲咽危石，日色冷青松。……王維過香積寺句

飛鳥沒何處，青山空向人。……劉長卿餞別王十一南遊句

黃葉仍風雨，青樓自管絃。……李商隱風雨句

(3) **錬第五字法**

白髮悲花落，青雲羨鳥飛。……岑參寄左省杜拾遺句

香霧雲鬟濕，淸輝玉臂寒。……杜甫月夜句

明月松間照，淸泉石上流。……王維山居秋暝句

灞原風雨定……馬戴灞上秋居句

(4) **錬第二第五字法**

星臨萬戶動，月傍九宵多。……杜甫春宿左省句

腸斷未忍掃，眼穿仍欲歸。……李商隱落花句

風暖鳥聲碎，日高花影重。……杜荀鶴春宮怨句

潮平兩岸濶，風正一帆懸。……王灣次北固山下句

乙　七言詩的鍊字法，有六種：

(1) 鍊第二字法

日暮鄉關何處是。……崔顥的黃鶴樓句

雲橫秦嶺家何在，雪擁藍關馬不前。……韓愈自詠句

(2) 鍊第四字法

陽和不散窮途恨，宵漢常懸捧日心。……錢起贈闕下裴舍人句

疏松影落空壇靜，細草春香小洞幽。……韓翃的同題仙遊觀句

滄海月明珠有淚，藍田日暖玉生煙。……李商隱的錦瑟句

(3) **鍊第五字法**

花徑不曾緣客掃，蓬門今始爲君開。……杜甫的客至句

人世幾回傷往事，山形依舊枕寒流。……劉禹錫的西塞山懷古句

敢將十指誇鍼巧，不把双眉鬥畫長。……韓韜玉的貧女句

(4) **鍊第七字法**

青楓江上秋帆遠，白帝城邊古木疏。……高適的送李少府貶峽中句。

海內風塵諸弟隔，天涯涕淚一身遙。……杜甫之野望句

無邊落木蕭蕭下，不盡長江滾滾來。……杜甫之登高句

機中錦字論長恨，樓上花枝笑獨眠。……皇甫冉之春思句

(5) **鍊第二第五字法**

日落狐狸眠塚上，夜歸兒女笑燈前。……宋高菊卿之清明句

一去紫臺連朔漠，獨留青塚向黃昏。……杜甫詠懷古跡句

家住層城鄰漢苑，心隨明月到胡天。……皇甫冉之春思句

蠟照半籠金翡翠。麝熏微度繡芙蓉。……李商隱之無題句

(6) **鍊第二第七字法**

扇裁月魄羞難掩，車走雷聲語未通。……李商隱無題句

鎖銜金獸連環冷，水滴銅龍晝漏長。……薛逢之宮詞句

雷驚天地龍蛇蟄，雨足郊原草木柔。……宋黃庭堅清明句

葉浮嫩綠酒初熟，橙切香黃蟹正肥。……劉克莊之冬景句

第二節　造句的方法

鍊字懂了，就要講究造句。詩的句法，有散行的，有對偶的，在漢魏的古詩裏；就可看到對偶的句子，如東漢末年作品，行行重行行之「胡馬依北風，越鳥巢南枝。」之類的對偶句，晋以後對偶更密，形成爲唐代的律詩，因之對偶成爲詩中的必需品。詩的造句方法，不論散行或對偶，大概有一定的，普通有下列幾種：

甲　五言的造句法

(1) **上一下四法**：這種句法以第二字爲介，第一字應用名詞，或形容詞，第二字應用動詞或助詞，這種句法鍊字應鍊第二字。例如

木—落◎—雁南渡……孟浩然早寒有懷句。

國—破◎—山河在……杜甫之春望句

老—至◎—居人下……劉長卿新年作句

(2) **上二下二法**：這種句法以第三字爲介，故又稱双折式，其第三字應用動詞或形容詞，鍊字應鍊第三字，例如：

烽火—連◎—三月，家書—抵◎—萬金……。杜甫之春望句

(3) **上二下三法**：這種句法第二字應用名詞鍊字應鍊第三字，例如：

孤燈—寒◎照雨，深竹—暗◎浮煙……司空曙之雲陽舘與韓紳宿別句

(4) **上四下一法**：這種句法第五字應用動詞或形容詞。鍊字應鍊第五字。例：

明月松間—照◎，清泉石上—流◎……王維之山居秋暝句

(5) **上實下虛法**：這種句法的首二字成一逗，應屬名詞，第三字應用動詞，形容詞。末二字成一逗，意義較抽象，鍊字應鍊第三字。例如：

野火—燒◎—不盡，春風—吹◎—又生。白居易草句

「飛鳥—沒◎—何處」……劉長卿餞別王十一南遊句

(6) **上虛下實法**：這種句法末二字應爲名詞，其第三字仍用動詞或形容詞，鍊字應鍊第三字。例如：

他鄉—生◎—白髮，舊國—見◎—青山……司空曙賊平後送人北歸句

乙　七言詩造句法與五言不同，通常有下列數類：

(1) **上二下五法**：

這種句法，第一字第二字合成一「逗」（即句讀的「讀」）。鍊字應鍊第二字，例如：

一去—紫臺連朔漠，獨留—青塚向黃昏……杜甫詠懷古跡句

(2) **上一下六法**：

這種句法，第一字應用名詞或形容詞。鍊字應鍊第二字。例如

人—世幾回傷往事，山—形依舊枕寒流。…………劉禹錫西塞山懷古詩句

(3) **上三下三法**：

這種句法以第四字爲介，又叫雙折式，其第四字應用動詞或形容詞。鍊字應鍊第四字，例

滄海月—明—珠有淚，藍田日—暖—玉生煙。……李商隱錦瑟詩句

(4) **上四下三法**

這種句法上面四字須合成一「逗」，鍊字應鍊第七字。例如

估客晝眠—知浪靜，舟人夜語—覺潮生……盧綸晚次鄂州詩句

(5) **上五下二法**：

這種句法，下面二字應用動詞或形容詞，鍊字應鍊第七字。例如

五更鼓角聲—悲壯◎，三峽星河影—動搖◎。杜甫閣夜詩句

(6) **上實下虛法**：

這種句法上面二字合成一「逗」，第三第四字合成一「逗」，末三字成一逗。而第二字應爲名詞。鍊字應鍊第四字。例

盤餐—市遠◎—無兼味，樽酒—家貧◎—只舊醅。……杜甫客至詩句

(7) **上虛下實法**：

這種句法前四字成一「逗」，末三字成一「逗」。第七字應爲名詞，鍊字應鍊第五字。

例

惟將終夜—常◎開眼，報答平生—未◎展眉。……元稹遣悲懷句

第三節　點眼的方法

一句詩最着力處，叫做「詩眼」。水衡記：張僧繇於金陵安樂寺，畫龍於壁，點睛後破壁飛去。後人以詩文中最着力處，以詩眼形容之。

詩的點眼，和畫人物的點眼，一樣重要，點眼的方法與本章第一節所述鍊字的方法很相似，但鍊字是針對詩句中的動詞形容詞等類的虛字。而詩眼有時可能是名詞和代名詞一類的實字，且鍊字沒有固定的位置，詩眼却有固定的。通常五言的詩眼，是在第三字，七言詩的詩眼，是在第五字。

詩眼用實字時，必須要挺，用虛字時，必須要響亮；切不可用不常見的僻字，不易解釋的字，亦宜避用。茲將點眼方法，分別舉例如下，以供參考

甲　點實字眼法：

(1) **五言點實字眼法舉例**

明月松間照，清泉石上流。

感時花濺淚，恨別鳥驚心。

未諳姑食性，空山松子落。

綠垂風折笋，紅綻雨肥梅。

(2) **七言點實字眼法例**

長樂鐘聲花外盡。龍池柳色雨中深。

六朝如夢鳥空啼。

滄海月明珠有淚。藍田日暖玉生煙。

著麥苗風柳映堤。

雪意未成雲著地。秋聲不斷雁連天。

回樂峯前沙似雪。

乙　點虛字眼法

(1) 五言點虛字眼法例

飛鳥沒何處。　泉聲咽危石。　黃葉仍風雨。　白日依山盡。
青山空向人。　日色冷青松。　青樓自管絃。　時時驚妾夢。

(2) 七言點虛字眼法例

三湘愁鬢逢秋色。　人世幾回傷往事。　九天閶闔開宮殿。
萬里歸心對月明。　山形依舊枕寒流。　萬國衣冠拜冕旒。
剔開紅燄救飛蛾。　日暮東風怨啼鳥。　玉樓天半起笙歌。

丙　用拗字作詩眼法

凡是用拗字點眼，應注意前後兩句均要互相調換，不能單獨一句用拗字。例如

殘星幾點雁橫塞，長笛一聲人倚樓。

這是七言點實字眼法；依平仄譜規律應為「平平仄仄平平仄」，「仄仄平平仄仄平。」

前句第五字應用平聲字，而「雁」字係仄聲字，與平仄譜不符是爲用拗字，故其下聯第五字應用仄聲字亦應調換爲平，故用「人」字了。又例

映階碧草自春色，隔葉黃鸝空好音。

這是七言點虛字眼法，「自」與「空」兩字亦係平仄互換，又例

孤鳥背林色，遠帆開浦煙。

這是五言點虛字眼法，依平仄譜應爲「仄仄平平仄，平平仄仄平。」今用「背」字是仄聲字，屬拗字，故下聯第三字改用「開」字爲平聲字。

第四節　語氣組織的方法

詩的組織，大概是兩句成一段落。但這兩句的語氣，有種種不同，通常有下列幾種方式，茲分別舉列並說明之。

(1) 直貫式

凡直貫式的句法，必須兩句一氣呵成，單是上句，意思沒有完全，應用下句補足，像流水一樣，滔滔而去，異常流利。這種句法，一首詩的起句和結句最多。

例一：誠知此恨人人有，貧賤夫妻百事哀。

例二：借問路傍名利客：何如此處學長生。

(2) 呼應式

呼應式的句法必須下句與上句有極深切相關的理論，這種句法，以律詩頸聯和領聯爲多。例如杜甫宿府的頸聯：

風塵荏苒音書絕，關塞蕭條行路難。

又例李頎送魏萬之京領聯：

鴻雁不堪愁裏聽，雲山况是客中過。

(3) 問答式

問答式句法，上句必須問話，下句須答話。答話不可過於呆板或暴露，應在似眞若假之間，方有玄妙的意味。例如杜甫的蜀相句。

丞相祠堂何處尋？錦官城外栢森森。

問答式的句法，更有下句是問話的，如「凉風起天末，君子意如何？」還有一種有問不答的如「爲問元戎竇車騎，何時返旆勒燕然」？

第五節　借句聯句的認識

借句或聯句乃一般騷人墨客聚會時，藉以作爲一種娛樂，或飲宴時行酒令爲多，玆略述如下，以供初學者參考。

何謂借句呢？就是借前人所作的一句詩做起句，叫做借句。也有中間或結句用借句的。借句的詩，所借的詩句下面必須注明借誰的句，有時也有單註「借句」二字，大概是爲了省得自己去揀韻故也。

借前人詩句爲起句或結句，應注意所借的句，必須與既定的詩題相稱，同時須注意和自己所做的詩，工力相等，方能天衣無縫，否則不如自撰。以免貽笑大方。

所謂聯句？就是兩人以上在一起，各作一句或兩句，合成一詩，叫做聯句。

聯句始於漢武帝的柏梁台詩。其要件就是作上句的應爲下句預留地步。不然，必使作下句的人難以下筆了。其用韻必須選較寬展之大韻，因爲韻脚廣，方有較佳之作品。

第七章　取材之範圍

學詩的門徑，寫到這裡已經是說得不少了，從聲調的基礎，辨別平仄的方法，詩體的認識，押韻，結構到修辭，這些基本的要領，已一一分別介紹出來，如果讀者們，把上面幾章，詳細閱讀過後，應該已是稍有心得。大概可以嘗試作詩了。但天地間的事物太多了，究竟何者可以作爲詩料？確實是一個疑問！大家都知道，無論甚麽工作，必須有充分的材料，任其選擇才有好的成果。作詩亦然，所以初學作詩，對於材料的選擇，必須選擇較好的，方有好詩，不然，東一首即事，西一首感懷，說來說去都是些老生常談的，就毫無意義了。

茲爲讀者明瞭，爰將古今詩人取材的範圍，分爲抒情、詠物、寫景、記事數節，分別將其作法要訣，擧例說明，以爲初學之參考。

第一節　抒情詩及作法

中國詩主要是抒情的，（我們在第一章已經說了很多）。所以古今的詩集中，可說以抒情詩爲最多，因爲抒情詩較其他容易，沒有什麽拘束，興之所至，就發抒出來。大概可分爲下列五種。

(1) 感懷

在抒情詩中以感懷這一類的詩最自由，隨時可把自己的遭遇說出來，再擴大一點，也可以把時事拿來發揮。尤其是遇到意外過度的刺激，大喜或大悲的時候，猛然流露出來的作品，其表情必定如瀑布一瀉無餘，讀來令人發生同感。

例一：聞官軍收河南河北　　杜甫

劍外忽傳收薊北，初聞涕淚滿衣裳。卻看妻子愁何在？漫卷詩書喜欲狂。
白日放歌須縱酒，青春作伴好還鄉。即從巴峽穿巫峽，便下襄陽向洛陽。

上例的取材，是作者在四川，忽然聽到官軍收復河北的好消息，興奮極點，一口氣寫成的，由起句敘述時事，接寫聞後情事喜極而悲，表情奔迸。最重要的就在起句的「忽」與「初」字，沒有這「忽」「初」兩個字，就不能表現出驚喜欲狂的情形，因爲忽然得到好消息，在最初聽到時，一定高興，很自然地流露出喜極而悲的情景，便打算收拾行李回鄉，寫得非常確肖逼眞。

例二：遣悲懷　　元稹

謝公最小偏憐女，自嫁黔婁百事乖。顧我無依搜盡篋，泥他沽酒拔金釵。
野蔬充膳甘長藿，落葉添薪仰古槐。今日俸錢過十萬，與君營奠復營齋。

這首遣悲懷，是作者妻早亡，不能同享富貴有感而發的「悼亡詩」。前路寫其妻甘貧耐苦，夫妻相安無怨，結句說到今日富貴，可惜她早亡，不能同享清福，僅受祭奠，其悲懷二字，躍然紙上。

例三：春　思　　皇甫冉

鶯啼燕語報新年，馬邑龍堆路幾千。家住層城隣漢苑，心隨明月到胡天。機中錦字論長恨，樓上花枝笑獨眠。爲問元戎竇車騎，何時返旆勒燕然。

上例春思，首聯寫春，再從時令想到時事，而將思字點出，結聯始把春思的正意揭露，體裁似與例一相同，不過例一是寫作者個人喜極而悲情形，動機在忽聞官兵收復失地所感的，這首詩所感是國家大事，動機却因時令而發。

例四：無　題　　李商隱

昨夜星辰昨夜風，畫樓西畔桂堂東。身無彩鳳雙飛翼，心有靈犀一點通。隔座送鈎春酒暖，分曹射覆蠟燈紅。嗟余聽鼓應官去，走馬蘭臺類轉蓬。

這首七律，雖是無題，但所寫內容係借兒女私情發揮。其第一聯敍述時及地，第二、三聯即借兒女私情，寫來不但細故，而且令人讀後有「香艷」之感，結聯始道出作者的懷抱。通篇言不能聚會，而正意是在第二聯。這種作法，後人很多仿效，如「閨怨」、「閨思」等一類題目，故意借兒女私情來掩飾他的懷抱的。但是模仿此法時，描寫切勿過艷麗，太過可能把您作詩的原意掩沒。

(2)懷古

所謂懷古，就是詩人每到一處名勝古蹟之處，即考查其以前有無史事，在這地方發生。如果是有的，就有一點懷想的衝動，這種詩題，通常總是在地名下加上懷古兩字的。凡是懷古詩，能够寫得和作者自己有關合，是最難的，普通只是將那地方的歷史上片斷事跡，來批評一下而已。

寫懷古詩最要注意的，起句一定要從地理上引出史事來。所以要懷古，就得看那地方的條件够不够，如果沒有重大的史事，根本就不够資格，無古可懷。

例一：夜泊牛渚懷古　　李白

牛渚西江夜，青天無片雲。登舟望秋月，空憶謝將軍。
余亦能高詠，斯人不可聞。明朝挂帆去，楓葉落紛紛。

這首夜泊牛渚懷古，第一句點出地點，二、三句寫景，以引出曾在牛渚鎮守的晉朝謝尚，於秋夜乘月，與左右微服泛江，會袁宏在舫中諷詠，五、六句以自己來比袁宏的高詠，但謝尚已不可聞，大有知音不遇之感，「不可聞」三字，正與「空憶」兩字相呼應。結聯寫出作者蒼茫寂寞之感。全詩起句從夜而發，結束以朝收合，層次分明。

例二：西塞山懷古　劉禹錫

王濬樓船下益州，金陵王氣黯然收。千尋鐵鎖沉江底，一片降旛出石頭。人世幾回傷往事？山形依舊枕寒流。從今四海爲家日，故壘蕭蕭蘆荻秋。

上例西塞山懷古的作法，與例一不同，起句先從晉武帝征伐東吳，大將王濬坐樓船從益州直下，借當時的戰事發揮，一氣呵成前半首，五、六句悲傷往事，始將題面點出，結句抑揚頓挫，有無限滄涼之感。

例三：虞姬墓　蘇軾

帳下佳人拭淚痕，門前壯士氣如雲，倉黃不負君王意，只有虞姬與鄭君。

上例虞姬墓，作者只從虞姬墓想到虞姬之史事，再用客觀的眼光去觀察批評，於作者己身絕無發生關係，此種作法與例一及例二亦不同的。

作懷古一類的詩，前人已有不少作品，如果我們找不出較冷僻的史事，或是較精闢的議論與批評，實難得見好，這是我們應該注意的。

抒情詩中尙有一種與懷古詩很相近的，謂之「詠史詩」，懷古大都要從地理上引出史事來，詠史詩是把史事很實在的摘錄一段來議論，但是有一點與懷古詩相同的，就是不但要論古事，且要與時事發生點關係，無論是正比或是反比，均可以的。

(3) 慶　賀

慶賀的詩，雖屬於抒情的一類，但因爲係一味恭維祝賀之意，所以滿紙吉祥文字，既沒有情緒，也沒有靈感，因此只好將現成的典故，用較美觀的字，堆砌起來，是以這類的詩是最難有出色的。前人的作品很少。但現在社會上，這種應酬是不能避免，特將詩文之友第四期所刊，選錄一、二首於後，略備一格。

例一：祝李逸鶴先生六秩双慶　林金標

梁孟齊眉甲子周，天增歲月鶴添籌。才名久仰陶潛宅，文采爭傳李白樓。
學道學仙原不忝，希賢希聖亦堪求。陽春曲佐釆衣舞，俚句何妨一獻酬。

例二：金海秀琴新婚誌喜　曾洋溢

珠聯璧合喜洋洋，海誓山盟夙願償。秀外慧中眞鳳侶，琴和瑟應比鴛鴦。
新諧忘却三更短，婚愛宜教百載長。誌賀關雎同咏樂，慶期來歲弄圭璋。

(4) 哀　輓

在酬應日繁的今日社交中，假如能吟哦兩句，很可能遇到徵詩哀輓的。哀輓詩的作法，要做得眞摯，對於死者的生平，應求切合，不可浮泛或過於誇張。通常的總是以年齡來作根據，似此千篇一律，很不容易表現特色。所以最好根據死者的言行、志趣、學問、或遭遇等等來發揮，進一步能夠做到與自己有點關合最好。

哀輓的詩以悼亡詩最爲眞摯，最沉痛，因爲夫婦共同生活最久，日常起居最爲關切，一旦生離死別，自然有說不盡與想不完的悲感和哀思，就是極細極微的家常瑣碎，說起來亦令人感覺含有無限的辛酸和淒楚。

茲舉兩例於後：

例一：悲從弟仲德　陶潛

銜哀過舊宅，悲淚應心零。借問爲誰悲？懷人在九冥。禮服名群從，恩愛若同生。
門前執手時，何意爾先傾。在毀竟不免，爲山不及成。慈母沉哀疚，二胤纔數齡。
雙泣委空棺，朝夕無哭聲。流塵集虛坐，宿草旅前庭。階除曠遊迹，園林獨餘情。
翳然乘化去，終天不復形。遲遲將回步，惻惻悲襟盈。

這是一首哀悼一個普通的人，而與死者却有深切的關係，所以全篇多寫死者的家庭狀況，來襯托出作者的悲感。

例二：悼亡詩四首　王士禎

雪白花紅襁褓齊，頻年靧面祝中閨。牙牙學語今何似，忍聽嬌兒索母啼。

病中送我向南秦，感逝傷離涕淚新。長憶啼猿斷腸處，箋陵江驛雨如塵。

春事愁中復病中，可憐寒食到匆匆，故園望去瀟瀟雨，一樹棠梨照殯宮。

藥爐經卷送生涯，禪榻春風兩鬢華。一語寄君君聽取，不教兒女衣蘆花。

這四首悼亡詩，第一首寫出兒女幼小，就無母可恃，啼哭索母，而感懷亡妻生前與兒女洗面作華容的閨中樂趣。第二、三首寫妻亡，引起悲懷。第四首道出其不再續絃。以安慰死者，因為續弦可能累及亡妻所生的子女；受後母的苛待。用這個意思向死者說，是最適當的安慰。這種雖是很平凡，很容易說，但是很難做到的事。

(5) 酬贈

朋友相離，總有一種相思的感想，如果把相思的感想寫在詩裡，互相寄遞，這種詩篇，屬於酬贈之類。

酬贈詩的作法㈠要切合雙方的地位身份，㈡須切合彼此交情深淺㈢最好把自己的個性儘量發揮。

例一：天末懷李白　　杜甫

涼風起天末，君子意如何？鴻雁幾時到，江湖秋水多。

文章憎命達，魑魅喜人過。應共冤魂語，投詩贈汨羅。

這首五律，第一句第二句因時令而想到李白，第三第四句道出作者的渴望他音信，第五第六句寫李白的遭遇而生悲憤，第七第八句願做一首詩投到汨羅江去，向屈原的寃魂申訴。把李白的遠謫夜郎，比作屈原自沉汨羅，充滿着才高不遇的同情感。篇中「意如何」，「幾時到」，「應共語」三句，俱爲懷字傳神。

例二：寄令狐郎中　李商隱

嵩雲秦樹久離居，雙鯉迢迢一紙書。休問梁園舊賓客，茂陵風雨病相如。

上例因別離已久，引起懷念。第一句以嵩山的雲，秦川的樹，比喻兩地相違的隔離，第二句寫出因爲好久的分離，只能靠一封書信互通消息。這兩句均是正寫題面的寄字，第三第四句引漢時梁孝王苑囿的舊時盛事，以相如自況，自嘆其離居寂寞。

例三：寄李儋元錫　韋應物

去年花裏逢君別，今日花開又一年，世事茫茫難自料，春愁黯黯獨成眠。身多疾病思田里，邑有流亡愧俸錢。聞道欲來相問訊，西樓望月幾回圓？

上例是因見春景傷神，而想起知己朋友，寄贈給他的詩，全篇看不出有一句客氣話，想甚麼就說什麼，不恭維對方，也不隱瞞自己，尤其是謙虛的話也說得很懇切，令人尋味，結聯道出想望他來相見，是爲寄詩的本意。

例四：贈闕下裴舍人　　錢　起

二月黃鸝飛上林，春城紫禁曉陰陰。長樂鐘聲花外盡，龍池柳色雨中深。陽和不散窮途恨，霄漢常懸捧日心。獻賦十年猶未遇，羞將白髮對華簪。

這首七律是贈給非深交而又得意者的詩，前半首因時令而想起裴舍人的恩遇，後四句說自己的不得志，全詩妙在句句與闕下關照。

例五：答范淳甫　　蘇　軾

五州下邑生劉季，誰數區區張與李，重瞳遺跡已塵埃，惟有黃樓臨泗水。而今太守老且寒，俠氣不洗儒生酸。猶勝白門窮呂布，欲將鞍馬事曹瞞。

上例係蘇東坡爲「徐州大守」時，因范淳甫先有詩寄給東坡，東坡回答范的詩，其起句「五州下邑」就指徐州言，第二句「張與李」原註說「來詩有張僕射李臨淮句。」張是徐泗節度使張健封，李是臨淮郡王李光弼。范詩把張李比東坡，所以東坡答稱雖然是儒生的酸氣沒有洗去，但却不致像呂布之屈辱於曹操，似此不亢不卑的酬答，是很得體。因此這一類詩的作法，應注意作得有分寸，不可過驕，亦不可過謙，雖然對來詩的恭維要遜謝，但對自己的抱負亦應表示一點，才能切合自己的地位。

例六：次韻鄭介夫　　蘇　軾

一生憂患萃殘年，心似驚蠶未易眠，海上偶來期汗漫，葦間猶是見延緣，

良醫自要經三折，老將何況敗兩甄，收取桑榆種梨棗，祝君眉壽似增川。

上例是東坡步鄭介夫來詩的韻，這是最普通的一種「酬唱詩」。其第一句第二第三句均是東坡自己發揮的懷抱，第四句是引孔子在杏壇鼓琴，有漁父來聽的故事（見莊子）以比鄭介夫的被謫英州，第五第六句道出鄭的屢遭挫折，（甄是陣名，典出晉之周訪攻杜曾的事。）結聯祝福鄭介夫得到長壽。

例七：次韻參寥師寄秦太虛三絕句，時秦君舉進士不得志　蘇軾

秦郎文字固超然，漢武憑虛意欲仙，底事秋來不得解？定中試與問諸天。

一尾追風抹萬蹄，崑崙元圃謂朝躋。回看世上無伯樂，卻道鹽車勝月題。

得喪秋毫久已冥，不須聞此氣崢嶸。何妨却伴參寥子，無數新詩咳唾成。

上例絕句三首，係作者用第三者（參寥師）所作的詩之韻，來作詩寄給秦太虛，這種方式亦屬酬贈詩的一種格式。但是有一點必須注意的，就是用第三者所作的詩韻，則你所作的詩中內涵，也應與第三者發生一點關係，不然，就不必多此一舉，自己選擇韻脚，豈不較方便得多。因此上例第一首就是請第三者參寥師代秦太虛向諸天詢問其不得進士的理由是什麽的涵意，第二首是引世無伯樂，故雖有千里之能的馬亦不能表現，藉以來安慰其友秦太虛。

（月題是馬頭上的一種拘束物。）第三首是勸秦太虛時常與參寥師在一起作伴作詩。

例八：送魏萬之京　　李　頎

朝聞遊子唱驪歌，昨夜微霜初度河。鴻雁不堪愁裏聽，雲山況是客中過。關城曙邑催寒近，御苑砧聲向晚多。莫是長安行樂處，空令歲月易蹉跎。

上例是一種平常送別的詩，從早晨聽到遠行人唱着驪歌引起，全篇前六句均是寫出一路的風光，結聯用箴規語，勸其友不要把寶貴的光陰空空地延誤過去，顯出是良友也。

第二節　詠物詩及作法

清俞琰詠物詩選序云：「詩者發於志，而實感於物，詩感於物，而其體物者不可以不工，狀物者不可以不切，於是有詠物一體，以窮物之情，盡物之態。故學詩之要，莫先於詠物。

詠物之始，早見於詩經，灼灼寫桃花之鮮，依依極楊柳之貌，杲杲爲日出之容，瀌瀌擬雨雪之狀。但其體並未全，至六朝始以一物命題，唐人繼之，著作益工，兩宋元明承之，篇什愈廣，是故詠物一體，可說詩經導其源，六朝備其製，唐人擅其美，兩宋元明沿其傳。」

詠物詩最易刻畫，以物興懷，因物引詩，作者應在物外興起別的意思，不即不離，再加繪影繪聲的發揮，否則呆滯不靈，若有寄託更屬佳構。

例一：草　白居易

離離原上草，一歲一枯榮。野火燒不盡，春風吹又生。

遠芳侵古道，晴翠接荒城。又送王孫去，萋萋滿別情。

這首詠草，全篇以第五第六兩句，用描寫筆法，其餘均係從草的側面脫空着筆，可是他沒有一句不是說草。最妙處是作者藉草比喻小人，句句說草，却是句句說小人，妙無一點痕跡。這種詩非有精湛的工夫者，不能有此。

例二：柳　唐釋慕幽

今古憑君一贈行，幾回折盡復重生。五株斜傍淵明宅，千樹低垂太尉營。

臨水帶烟藏翡翠，倚風兼雨宿流鶯。隋皇隄上依依在，曾惹當時歌吹聲。

這一首詠柳，作者就題面想到有關柳的故事來，全篇句句是寫柳，僅第五第六句用描寫筆法，其餘都是側面引典故道出柳來。

例三：蟬　唐李商隱

本以高難飽，徒勞恨費聲，五更疏欲斷，一樹碧無情。

薄宦梗猶泛，故園蕪已平。煩君最相警，我亦舉家清。

這首五律，雖然是詠蟬，但作者運用側寫筆法，前半藉蟬來比喻自己，後半自抒胸臆，並不對正呆寫，全篇僅第三第四兩句是描寫，其餘均是作者因蟬興起的意思。但仍能關照本題。

例四：梅花　林逋

衆芳搖落獨鮮妍，占斷風情向小園。疏影橫斜水清淺，暗香浮動月黃昏。
霜禽欲下先偸眼，粉蝶如知合斷魂。幸有微吟可相狎，不須檀板共金樽。

上例詠梅花詩，作者林和靖，性愛梅花，前半首四句正寫梅花，第五第六句是描寫，結聯道出作者的愛梅，所以做這首詩。

例五：金陵圖　唐韋莊

江雨霏霏江草齊，六朝如夢鳥空啼。無情最是臺城柳，依舊煙籠十里堤。

這首金陵圖，作者因圖中之景，依然如舊，而社稷已非，引起傷感，但全篇四句，仍然從圖中的畫景生發。

例六：終南山　唐王維

太乙近天都，連山到海隅。白雲迴望合，青靄入看無。

分野中峯變，陰晴衆壑殊。欲投人處宿，隔水問樵夫。

這首詠終南山，從第一句起至第六句，均係描寫終南山之形勢，末聯以投宿作結，語言含蓄。

例七：落花　李商隱

高閣客竟去，小園花亂飛。參差連曲陌，迢遞送斜暉。
腸斷未忍掃，眼穿仍欲歸。芳心向春盡，所得是沾衣。

這首落花詩，作者開始以高閣上的客人去，來引起落花本意，次聯用「參差」「迢遞」，都是形容落字，第五第六句寫出作者覩物傷情的感想，結聯道出所得只是傷春的淚，寫來傷心至極。

以上所舉七首詠物詩例，聊備一格，其作法各有其特點，限於篇幅，難多舉例。

第三節　記事詩及作法

記事詩可說就是「史詩」，因爲記事詩在文學上，占着很重要的地位，他可保存一時代的史事，或者比史家的記載，較爲詳實而有意義的。我們知道，史家的記載，大多以當時政府所存的檔案爲藍本的，而記事詩可以說是採取民間的傳說，和無關緊要的小事去烘托陪襯，同時作者還可以發揮一點議論，較之史家的評論來的趣味化。

中國的記事詩，沒有抒情詩發達，從來作者亦少，雖有亦頗多長篇。因爲記事詩要有下列幾種條件：

(1) **要立定一中心人物及有動人的故事。**

(2) **要有眞理和正義的批評。**

(3) **要有事蹟的貫串。**

(4) **要用客觀的眼光去觀察。**

前人的記事詩，合乎上述條件者亦少，最有名最動人的記事詩，如無名氏的「孔雀東南飛」，故事是漢朝末年，寫一婦人和丈夫很恩愛，而爲其婆所不容，壓迫她的丈夫把她休了。可是她與丈夫夫妻間恩情不斷，密訂重圓，但女的回娘家後，又被壓迫另行改嫁，男的怪他變心，女的誓死明志，結果双双殉情而死。全篇一千七百餘字，是一首長詩。又白居易的「長恨歌」、「琵琶行」都是記事詩，長恨歌是寫唐明皇的寵愛楊貴妃，招致安史之亂，明皇逃到四川，貴妃賜死在馬嵬坡，後來長安收復，明皇回京，思念貴妃，命方士尋覓貴妃魂魄。後段雖屬荒誕，而當時民間必有這種傳說，作者才能寫得如此生動流利，哀感頑豔，膾炙人口，若沒有唐明皇這樣多情天子的豔史，作者恐也寫不出如此好詩。又如韋莊的「秦婦吟」，吳偉業的「圓圓曲」等，可算是一時代記事詩的代表作。因爲詩太長不便具引，茲爲讀者明瞭，特舉杜甫記事詩較短的一首，畧備一例。

例：石壕吏　杜甫

暮投石壕村，有吏夜捉人，老翁踰牆走，老婦出門看，吏呼一何怒！婦啼一何苦！聽婦前致詞；三男鄴城戍，一男附書至，二男新戰死，存者且偸生，死者長已矣，室中更無人，惟有乳下孫，孫有母未去，出入無完裙，老嫗力雖衰，請從吏夜歸，急應河陽役，猶得備晨餐。夜久語聲絕，如聞泣幽咽，天明登前途，獨與老翁別。

這首記事詩，自首至尾，沒有一個議論的字，都是記實。中間還有對話，可說是記事詩中最樸實的。

總之，「眞實」二字是記事詩的要件，因爲空說是不能動人的，必須抒出具體事實來，由事顯情，才能眞切。同時應注意描寫的技巧，以免枯燥無味，缺乏生動感人之力。

第四節　寫景詩及作法

寫景詩的材料最爲豐富，如山水花鳥，以及自然界的一切景物，都可以作爲詩料，但是同一景物，各人的看法不同，所以描寫的技術亦因之有異，梅聖兪說：「凡詩，意新語工，得前人所未道者，斯爲善矣；必能狀難寫之景如在目前，含不盡之意見於言外，然後爲至也。」所謂「狀難寫之景如在目前」，就是要寫得逼眞活現，使讀者眼前如展開一幅圖畫。古人說：「摩詰（唐代詩人王維）詩中有畫」。這就是說寫景詩的功夫，到了極峯了。

寫景詩的寫作方法，有下列三種要領：

(1) **從小而大的寫法**

(2) **從近而遠的寫法**。

(3) **從實而虛的寫法**。

寫小、寫近、寫實是較容易，但寫大、寫遠、寫虛就難了。茲分別舉例如下：

例一：初春小雨　　唐　韓　愈

天街小雨潤如酥，草色遙看近卻無。最是一年春好處，絕勝煙柳滿皇都。

這是一首贊美初春小雨的詩，第一、二句點題、寫景，第三句贊美，第四句從初春最好的景致，想到勝過三春時繞滿皇都的煙柳陰濃景色，是「從小到大」的寫法，因爲一年春好處只是一個人的感想，且時間亦很短暫，而三春時煙柳滿皇都影響就大得多了。

例二：黃　鶴　樓　　唐　崔　顥

昔人已乘白雲去，此地空餘黃鶴樓。黃鶴一去不復返，白雲千載空悠悠。

晴川歷歷漢陽樹，芳草萋萋鸚武洲。日暮鄉關何處是，煙波江上使人愁。

這是一首登黃鶴樓的詩，起聯是點題，敘述樓名之由來，次寫登樓所見的景色第五第六句是「從近到遠」的寫法。因爲黃鶴樓本身沒有什麼可寫，且全篇均描寫近的，不無枯燥之味，所以從遠處着筆，描出晴天時在黃鶴樓可以看到漢陽那邊的樹，更可見到芳草很茂盛的是武昌城外的鸚鵡洲。末聯以懷故鄉作結。

例三：次北固山下　王　灣

客路青山下，行舟綠水前。潮平兩岸濶，風正一帆懸。
海日生殘夜，江春入舊年。鄉書何處達，歸雁洛陽邊。

上例是作者停舟在北固山下所作的詩，起聯是點題，次寫景，後寫情，道出客途的淒苦情境可見，由第一句至第六句，都是實在的景象，所以結聯把思想凌空一點，是爲「從實而虛」的寫法。第七句的「何」字，可說是虛的伏筆，結句「歸雁洛陽邊」，就覺得虛無遙遠了。

例四：湖　上　宋　徐元杰

花開紅樹亂鶯啼，草長平湖白鷺飛。風日晴和人意好，夕陽簫鼓幾船歸。

這首是在杭州西湖上的即景詩，全篇從起句到結句，一氣呵成，非常平實。這是最普通的寫景詩與上述三種寫景詩，要領不同的。

第八章　用典之研究

作詩要求其雅馴含蓄，必需用典，可是用典是現代一般人最反對的。筆者以爲作詩用典，有時也有他的功用存在，實不可完全抹煞，尤其是近體詩，假如是不用典，完全白描，根本就太平凡無味了。因爲詩是寓意的，所以欲求其含蓄，有暗示力，必須建築在典故上，同時詩的詞句組織，必須較散文經濟，引用典故，便是求得經濟組織的最好辦法，且因近體詩有字數、聲調、對偶等限制，有時就不得不藉典故來適應。

所謂「典故」就是故事的意思，這裡的故事包羅很廣大。如經、史、子集等等都是。但作詩所引用的典故，應以易知易解常見者爲主。引用時最好是把典故運用得如自己做出來的爲佳。杜少陵說：『作詩用典，要如禪家語：「水中着鹽，飲水乃知鹽味。」』這就是說用典要恰到好處，使他不着痕跡，令人初看不覺，再看方知其巧。

總之，典故是作詩的一種材料，引用時不可勉強湊，更不要引用冷僻的典故，亦不可過於堆砌，以免使讀者生厭。

第一節　典故的來源

典故的來源，一部份是事物的比喻，一部份是歷史的事跡，一部份是成辭，茲分別舉例說明如下：

(1) **事物的比喻**：這裡的事和物，是指過去一切的事物而言，連人亦包括在內，就是把古人和今人相比，或把古人所用的譬喻，或所發生的有意義事物，予以引用出來。

例一：爲有　李商隱

爲有雲屏無限嬌，鳳城寒盡怕春宵，無端嫁得金龜婿，辜負香衾事早朝。

上例第三句「無端嫁得金龜婿」，無端就是無因解，「金龜婿」則係一典故，因爲唐朝的官制，是行九品中正，凡是品官都佩龜，三品以上的龜袋是飾金的，所以後代言做大官的女婿，就叫做金龜婿。這是一種事的比喻。

例二：寄令狐郎中　李商隱

嵩雲秦樹久離居，雙鯉迢迢一紙書。休問梁園舊賓客，茂陵風雨病相如。

上例第三句「梁園舊賓客」，梁園是一典故，出於漢時梁孝王好營宮室苑囿之樂，以通賓客，是借用此事來引出第四句「茂陵風雨病相如」。此典故與梁園有關連的，司馬相如客遊梁園時，梁孝王令與諸生同舍。是以有「舊賓客」之詞。司馬相如漢成都人，長於辭賦，景帝時爲武騎常侍，武帝召爲郎，通西南夷有功，後拜爲孝文園令，因病免，家居茂陵。可見這首詩事物均引用。結句係作者自己比司馬相如，嘆其離居之寂寞。

(2) **引用歷史事跡**：把歷史故事，和時事相比。但引用史事，應知道其出處，才能了解正確。不然牛唇不對馬嘴，弄巧反拙。

例一：別房太尉墓　杜甫

他鄉復行役，駐馬別孤墳，近淚無乾土，低空有斷雲。
對棋陪謝傅，把劍覓徐君。惟見林花落，鶯啼送客聞。

這首別房太尉墓，篇中第五句及第六句「對棋陪謝傅，把劍覓徐君」。係作者引用晉時謝安與侄謝玄相對下棋，及春秋時代吳大夫季札掛劍的故事，以比其與房太尉的生死交情。

例二：淸平調之二　李白

一枝濃艷露凝香，雲雨巫山枉斷腸。借問漢宮誰得似，可憐飛燕倚新粧。

上例是唐明皇和楊貴妃在沉香亭上賞牡丹花時，召李白做淸平調三首，譜入樂府，這是三首中的第二首。篇中作者援引楚襄王夢巫山神女幽會及漢成帝趙飛燕的故事，以頌揚楊貴妃，但實含諷刺意。

(3) **引古人**：把古人和今人相比。

例一：輞川閒居贈裴秀才廸　王維

寒山轉蒼翠，秋水日潺湲。倚杖柴門外，臨風聽暮蟬。

渡頭餘落日，墟里上孤煙。復值接輿醉，狂歌五柳前。

這首五律，全篇前面六句，均係寫輞川的風景，第七句以接輿比裴迪，結句自比陶潛幽居澹泊。陶潛爲晉尋陽人，一名淵明字元亮，陶侃之曾孫，性高尚簡實，嘗爲彭澤令，郡遣督郵至縣，吏曰應束帶見之，潛嘆曰，吾不能爲五斗米折腰，因棄官而去，家貧樂道，性嗜酒遊觀山水，徜徉自適。世稱靖節先生，因其住宅邊有五株柳樹，故自號五柳先生。

例二：詠懷古跡　杜甫

支離東北風塵際，漂泊西南天地間。三峽樓臺淹日月，五溪衣服共雲山。
羯胡事主終無賴，詞客哀時且未還。庾信生平最蕭瑟，暮年詩賦動江關。

上例詠懷古跡，前路寫亂世流離，避難他方，詩人思念家鄉情景，作者最後以南北朝時代的庾信自比，寫出其鄉關之思的牢騷情緒。庾信是南北朝時代新野人，字子山博覽群書，文章豔麗，梁元帝時，以右衛將軍使西魏，被留不遣，周明帝武帝皆恩禮之，累遷驃騎大將軍，開府儀同三司，世稱庾開府，但其位雖通顯，而常有鄉關之思，因作哀江南賦，其駢偶之文集六朝之大成。

(4) **引用成辭**：把古人很好的語句，或成語引用出來，但必須詳知其來源，運用才能恰到好處。

例：聽蜀僧濬彈琴　　李白

蜀僧抱綠綺，西下峨眉峯。爲我一揮手，如聽萬壑松。
客心洗流水，餘響入霜鐘。不覺碧山暮，秋雲暗幾重。

這首五律，前半正寫題面，妙在先寫出琴，次說出彈，再次寫出聽，將題字拆開道出。綠綺是琴名。因蔡邕有綠綺琴故也。後半「客心洗流水」句，流水就是用「高山流水」的典故，即俞伯牙鍾子期的故事。伯牙鼓琴，志在高山，鍾期曰，善哉「峨峨兮若泰山」。志在流水，鍾子期曰，善哉，「洋洋兮若江河」。客心洗流水句文章是倒裝，應說是流水洗客心。又「洗流水」是双關多義的。可以高妙的琴曲滌淨客心的俗慮爲意旨，又「洗流水」可喻聽琴的客心，像流水洗過一般。

第二節　典故的功用

作詩用典究竟有甚麼功用？茲爲讀者明瞭，特略述筆者一得之愚如下：

(1) **增加詩的美化**：作詩用典，令人讀了便覺得鮮妍美感。

例如：錦瑟　　李商隱

錦瑟無端五十絃，一絃一柱思華年。莊生曉夢迷蝴蝶，望帝春心託杜鵑。
滄海月明珠有淚，藍田日暖玉生煙，此情可待成追憶，只是當時已惘然。

這首錦瑟詩，頸聯與頷聯連續用了好些典故，雖其意難解，但讀起來，却令人感到很美，百讀不厭。

(2) **避免單調平凡**：詩是寓意的，如不用典，完全白描，就太單調平凡無味了。如把日叫太陽，月叫月亮，實太平凡單調，茲舉例說明如下：

例：遣　懷　　杜　牧

落魄江湖載酒行，楚腰纖細掌中輕，十年一覺揚州夢，贏得青樓薄倖名。

上例第二句楚腰即腰細解，如以細腰言，不用楚腰，就平凡了。按楚腰一詞，係楚靈王喜歡細腰的女子，故後世因稱細腰爲楚腰。又掌中輕就是言身輕，因漢趙飛燕體輕，能爲掌上舞故稱。又青樓在這裡是以妓院解，即現之妓女戶。以上所指如果用白描法寫出，就太平淡無味了。

(3) **可使詩意豐富**：作詩用典，可藉典故襯托出詩面，使詩意更加豐富。

例：落　花　　宋　宋　祁

墮素翻紅各自傷，青樓烟雨忍相忘。將飛更作迴風舞，已落猶存半面粧。
滄海月明珠迸淚，章臺人去骨遺香。可能無意傳双蝶，盡付芳心與蜜房。

這首落花詩，青樓係引杜牧之遣懷詩末句，「贏得青樓薄倖名」。第二聯「將飛更作迴風舞，已落猶存半面粧」，「迴風舞」典出洞冥記；武帝所幸宮人名麗娟，於芝生殿唱迴風之曲，庭中花皆翻落。「半面粧」是用南史后妃傳：「元帝徐妃諱昭佩，無容質，不見禮。帝三二年一入房，妃以帝眇一目，每知帝至，必為半面粧以俟，帝見則大怒而去。」此詩引用兩個宮妃的典故，來形容落花，把花的美和女子的美聯串起來，則詩意便更覺豐富。

(4) **增加詩意深婉**：詩是寓意的，必須求其雅馴含蓄，如果逕直白描，便平淡無奇。

例：泊秦淮　　杜牧

烟籠寒水月籠沙，夜泊秦淮近酒家。商女不知亡國恨，隔江猶唱後庭花。

上例泊秦淮，起句寫夜景，後寫商女無知，猶唱亡國的曲，無限的感慨，妙在不言而喻。「商女」係指賣笑的歌女，「後庭花」是南朝陳後主所作的曲子，綺麗輕浮，後人評為亡國之音。按南史：「陳後主以宮人袁大捨等為文學士，因狎客共賦新詩，以玉樹後庭花，臨春樂等曲為靡豔」，這荒於酒色的陳後主，終於被隋所滅。故作者於遊建康時，夜間泊舟秦淮河觸景，發生無限感慨，寫出歌女只知唱曲，不知曲中有亡國的悲哀，而還在江那邊唱着後庭花靡豔的曲子，這樣詩意便覺深婉。

第三節　用典的要領

典故是作詩的一種材料，但要用得切，不可勉強湊，更不可故意找冷僻的典故。茲將其要領略述如下：

(1) **用普通典故**：作詩，用典是不得已的，所以必須揀較普通的爲宜，不然用了冷僻的典故，讀者不易明白，則作者的本意，自然不易表現，何必多此一舉呢？

例：赤　壁　　杜　牧

折戟沉沙鐵未銷，自將磨洗認前朝。東風不與周郎便，銅雀春深鎖二喬。

上例題目是赤壁，第三句「東風不與周郎便，」就是用三國時周瑜劉備大破曹軍於赤壁，諸葛亮借東風，幫助周瑜用火攻，打得曹操大敗的故事。這是很普通盡人皆知的事。

(2) **引用要貼切**：所謂典故，就是前人遺留的典例故實。但古人的事，難得和今人的事切合不移，所以用典時，必須揀取最貼切的來應用。以免有牽强和廣泛之弊病。

例：寄王晉卿　　蘇東坡

欲留嗟趙弱，寧許負秦曲。傳觀愼勿許，問道歸應速。

這是蘇東坡寄給王晉卿的一首押仄韻的詩，因爲東坡有一塊仇池石，晉卿做詩寄他，借來觀賞，但東坡恐怕晉卿借去據爲己有，却又不敢不借，所以用藺相如完璧歸趙的故事，來表示他的心聲。

(3) **引用須剪裁**：典故是整個的，要用於有限制的字句裏，非加以剪裁不可。

例：送僧歸日本　　錢　起

上國隨緣住，來途若夢行。浮天滄海遠，去世法舟輕。
水月通禪寂，魚龍聽梵音。惟憐一燈影，萬里眼中明。

這首送僧歸日本，第七句「一燈影」典出維摩經。按經裏云：「有法門，名無盡燈。譬如一燈燃百千燈，冥者比明，明終不盡。夫一菩薩開道千百衆生，令發阿耨多羅三藐三菩提心（譯言『無上正等正覺心』），其於道意亦不滅盡，是名無盡燈。」這裡的一燈是比喻一燈燃千百燈，即一覺者造成千百覺者，則道意不滅。但詩句裡的一燈影，係指舟中禪燈的光影，亦即比喻那日本僧，其意是他回國傳法，輾轉無盡。由此可見一燈影是從上述維摩經裏，揀取一句，再加改組剪裁而來的。

(4) **切記勿用錯**：想用一個典故，如果不能記得很眞切，必須查閱書籍，否則容易發生錯誤。茲擧一例說明如下：

鰐去溪潭韓吏部，珠還合浦孟嘗君。

就上例看，好像對得很工整，但實際已發生錯誤了。因「珠還合浦」典出後漢孟嘗還合浦太守，郡不產穀實，而海出珠寶。先時宰守多貪穢，詭人採求，不知紀極，珠遂漸徙於交阯郡界，於是行旅不至，人物無資，貧者餓死於道，嘗到官，革易前弊，求民病利，未踰歲，珠復還，這則典故是後漢孟嘗的事，並非戰國時孟嘗君的事。一字之差，就錯誤很大了。

(5) **不可重複引用**：引用典故，一事不宜兩用，以免犯重複的弊病。

例如：白　桃　花　　　　筆　者

武陵露井冒霜舒，不染胭脂艷有餘。寄語劉郎春欲去，仙源淡雅雪氷如。

上例白桃花既用「武陵」，又用「仙源」就是一典兩用，就犯了重複的弊病。如果把結句「源」字，改爲「姿」字，成爲「仙姿淡雅雪氷如」，就好了。

(6) **避免諷刺或過於恭維**：用典如以古人比擬今人，應注意今人之地位，才華、聲望、是否與古人相近，不然如果誤用不甚高明的典故，今人受者難免疑心你有意諷刺。同時切勿過於恭維，以免失去自己的人格。

例如韓昌黎贈張曙詩：「久欽江總文才妙，自嘆虞翻骨相屯。」這句詩雖然是把張曙的文才比擬江總：但是江總是個姦佞，雖然是把他的文才相比，總令人發生疑竇，是否韓昌黎有意諷刺張曙亦爲姦佞之類，似此之引用實屬不宜，如過於恭維，亦屬不當，有失自己的人格。

總之作詩用典，應力求自然，切莫專從冷僻縫裡找出典故來，以誇耀自己學問的淵博，這種作法，可說進入邪魔外道，已失去了作詩的本意了，初學者切不可爲訓。

第九章　對仗的研究

律詩最重要的是對仗，「對仗」又名「對偶」，無論是五律或七律，其頷聯（即第三、四句）和頸聯（即第五、六句），必須對仗工整。所以對仗在律詩裡，佔很重要地位，今人選律詩時，大都以中間兩聯對仗工整爲取捨。初學寫作對仗時，須先明白字性，其方法可分虛實兩類。

實字類：凡名詞，代名詞，形容詞等是。

虛字類：凡動詞，副詞，介詞，連詞，助詞，嘆詞等是。

字性明白後，則對仗的方法，必須同性的字，方可作對，即名詞須對名詞，形容詞對形容詞，動詞對動詞，其他可類推。同時須注意平仄，平聲字與仄聲字對，仄聲字應與平聲字對。絕對不能以名詞對動詞，或平聲字對平聲字，仄聲對仄聲。這是對仗的基本原則，多讀多看，自可明白。

第一節　對仗練習實例

前面已經說過，對仗的基本原則，第一是字義相對，即實字對實字，虛字對虛字，這樣才能對仗工整。第二是注意平仄相調，即平聲必須對仄聲，仄聲必須對平聲。茲分別舉例說明如下：

(1) **名詞**（○表示平聲字　•表示仄聲字）

雲○　雨•
晚•照•　晴○空○
同○泰•寺•　未•央○宮○

上例「雲」對「雨」，雲是平聲字，雨是仄聲字。「晚照」對「晴空」，「同泰寺」對「未央宮」，均是名詞對名詞。

(2) **代名詞**

此•　彼○
他○　我•
我•輩•　他○們○

(3) **動詞**

來•　去○
見•　聞○
躑•躅•　徘○徊○

(4) **形容詞**

紅○　白•
新○　舊•
幾○許•　若•干○
蕭○蕭○　滾•滾•

(5) **介詞**

如○　似•
同○　對•

(6) **連詞**

(7) **副詞**

聊○ 且●

自●有● 無○如○

不●如○ 還○是●

三○ 五●

一●次● 萬○分○

當○初○ 此●刻●

剛○才● 忽●然○

(8) 助詞

更● 尤○

(9) 嘆詞

啊○ 哉●

上面所舉各例，聰明如讀者，應該很瞭解了，茲再從一字至七字各舉數例如下：

一字

歌○ 舞●

德● 恩○

子● 孫○

寂● 喧○

家○ 國●

武● 文○

賢○ 聖●

智● 愚○

飽● 饑○

二字

風○清○ 月●朗●

露●重● 烟○微○

錦●繡● 珠○璣○

綠●暗● 紅○稀○

蕩●蕩● 巍○巍○

菊●馥● 蘭○芬○

三字

仁○無○敵● 德●有●鄰○

金○翡●翠● 玉●麒○麟○

梁○父●吟● 楚●狂○歌○

山○不●斷● 水●無○涯○

四字

縷●縷●輕○煙○
絲○絲○微●雨●

萬●里●寒○光○
三○邊○曙●色●

晴●川○歷●歷●
芳○草●萋○萋○

五字

客●乘○金○絡●馬●
人○泛●木●蘭○舟○

晚●霞○舒○錦●繡●
朝○露●綴●珠○璣○

水●寒○魚○不●躍●
林○茂●鳥●頻○棲○

六字

懶●撫●七●絃○綠●綺●
羞○看○百●練●青○銅○

花○間○粉●蝶●飛○舞●
柳●內●黃○鶯○囀●啼○

七字

夾●岸●曉●烟○楊○柳●綠●
滿●園○春○色●杏●花○紅○

樓●閣●天○涼○風○颯●颯●
關○河○地●隔●雨●瀟○瀟○

說到這裡，我想讀者對於對仗的作法，應該有點概畧的認識了。請把書合起來，試行練習一下，練習時，可任取一字，辨明字性是名詞或是動詞，然後再辨明是平聲字，還是仄聲字，最後再依上述原則去想相對的字對上。最好初練習時，把字性分得越細越好，如名詞一類應分天、地、人、物。以人名對人名，地名對地名，練熟了，將來運用起來，便覺得容易了。

但對仗的平仄，有時可以活用。如作對聯時，通常是一、三、五可以活用，二、四、六就絕對不能活用，必須平對仄，或仄對平，換句話說，作對聯的方法，不論句子多長，凡單數字；平仄可以通融，双數字要相對。至於作詩仍是可以活用但要看用在詩裏的位置而定。讀者只要多讀多練習，便可明瞭。

第二節　對仗的方式

對仗的要領明白了，現在進一步來研究對仗的方式，茲分別說明舉例如下：

(1)　普通平對的作法

普通平對，是最容易作的，又最普通常見的，其作法是把相似的兩種意思，分成兩句，兩句的字性和詞藻，要求其平均，這種對法其上聯是「仄仄平平平仄仄」，因此其下聯就必須「平平仄仄仄平平」。例如

例一：

舞•女•腰○肢○楊○柳•軟•

佳○人○顏○貌•海•棠○嬌○

例二：

半•世•功○名○一•雞○肋•

平○生○道•路•九•羊○腸○

平對的兩句，各有一種意思，並不連貫，上例「佳人顏貌海棠嬌」的顏字，照理應用仄字，今用顏字屬平聲字，因爲是第三字，所以活用了。如果在仄聲字裡，可找出與顏字的意思一樣，且又能與佳人連貫的仄字，當然更好。又例二上句第六字應爲仄聲字，今用雞字是平字，這種情形，乃是特例，因其字性相對故也。

(2) 仄對的作法

仄對的特點，他兩句只是一種意思，下聯是上聯的說明，或是把上聯的意思充實。換句話說，上聯是因，下聯是果。這種對法如流水一樣，故又稱「流水對」。例如

•○○•○○•
自言官長如靈運，
○•○○••○
能使江山似永嘉。

上例的重點，在「自言」，「能使」幾個虛字，把上下句的意思連貫起來。其上句第一字「自」字及第三字「官」字，又下句第一字「能」字，均是活用，按上例之平仄式，上句是「平平仄仄平平仄」，下句應是「仄仄平平仄仄平」。

(3) 實對的作法

實對的組成，其上下聯以實字佔多數，每句中應有二個以上名詞，或代名詞，形容詞爲構成要件。但其組織須靈活，切忌勉强湊。因爲過於活剝生吞，堆砌起來的句子，是沒有趣

味的。例如

九天閶闔開宮殿，

萬國衣冠拜冕旒。

上例係錄自王維和賈至舍人早朝大明宮之作七律頷聯。除「開」「拜」「九」「萬」等字屬虛字外，其餘皆是實字。

(4) 虛對的作法

虛對的組成恰好與實對相反，即虛對所用的字，以虛字佔多數，但揀字時，應以尋常習見常聞的成詞短句，方見自然。例如：

且看欲盡花經眼，

莫厭傷多酒入脣。

上例只有「花」「眼」「酒」「脣」等四字實字其餘均是虛字。

(5) 問答對的作法

問答對的作法，顧名思義其兩句一定是一問一答，這種對的要領，在於答，就是說答要含糊點，不可答得太眞實，以免令人一看便覺，就率直無味了。例如：

誰愛風流高格調？
共憐時世儉梳粧。

上例錄自秦韜玉的七律貧女一詩。

(6) 渾括對的作法

渾括對的對法，必須對於作對的工夫，有相當的認識，才有佳構，因爲他的作法，字面上並不求工整，只要意思上能籠統連貫。例如：

伯仲之間見伊呂，
指揮若定失蕭曹。

上例錄自杜甫之詠懷古跡其五的七律詩，就字面上看，「伯仲」和「指揮」並不能成對的，但是以「伯仲之間」和「指揮若定」言，又似乎可以算對了。再加上「見伊呂」和「失蕭曹」，就成爲很工整的一對。所以渾括對必須從全句看，才感覺的。假如成語短句不熟，對起來就很不容易，因爲他比虛對更無跡象可尋也。

(7) 交股對的作法

交股對的作法，是一句中有兩種相反的意思，同時上句和下句的相反字，是交叉相對的

。例如：一

春深葉密花枝少，
日暮星繁月色微。

右例上句「密」字與「少」字，對下句的「繁」字和「微」字；同時上句的「密」字和下句的「微」字，上句的「少」字和下句的「繁」字，交叉相對。所以這種交股對的作法，須先擇定四個意思相反而有因果關係的字，然後巧妙的運用他。

(8) 絞縺對的作法

絞縺對的作法，是一句中間，分爲上下兩節，兩節中各用一事物。這種對法，是把似同而實異的事物，交互運用，因此又稱「巧變對」。例如：

清風掠地秋風意，
赤日行天夏日長。

上例是上下節各用一事物，還有另一種對法是用上節的。例如：

自去自來梁上燕，
相親相近水中鷗。

上例錄自杜甫之七律，清江詩的領聯。

第十章　擊鉢吟

擊鉢吟又稱擊鉢催詩，始於南北朝。按南史王僧儒傳：南朝梁竟陵王子良，與蕭文琰，丘令楷，江洪等嘗夜集，刻燭爲詩，四韻者則刻一寸，以此爲率，蕭文琰曰：「頓燒一寸燭，而成四韻詩，何難之有！」乃與丘令楷，江洪等共打銅鉢立韻，響滅則詩成，皆可觀覽。」宋朝詩人陳師道詩云：「登高能賦屬吾儕，不用傳杯擊鉢催」。

擊鉢吟於淸初盛行於福建，於是傳入臺灣。迨淸之中葉，詩鐘興起後，各地興會淋漓，極一時之盛，而流傳至今。日據時代，漸趨衰微，光復後臺灣重歸祖國懷抱，於是各地詩社林立，經常舉行聯吟大會，又見興盛起來矣。

第一節　擊鉢吟的規律

擊鉢吟的規律，限制極嚴，其初僅有時間之限制，並無其他格律，唐宋以後，漸有命題限韻之煩，淸之中葉，各地院課，興會淋漓，鈎心鬪角，而有種種的忌諱，無形中成爲擊鉢吟的規律，玆分別畧述如下：

一　時間限制

「頓燒一寸燭，而成四韻詩」，這是擊鉢吟最初的規律。前人擊鉢催詩，因以前沒有時鐘，是故以刻燭一寸爲限。其後因感刻燭不便，改以拈題時，燃寸許香，繫於綴錢之縷，下承以銅盤，香炷錢墜，其聲鏗鏗，以作構思之限，名之爲擊鉢限香。

今則科學昌明，鐘錶普遍，故通常於聯吟時，由與會人共同商定，自命題始至某時止，時間一到，以擊鐘或其他音響爲號，以示催卷，而代替往昔擊鉢限香之意也。

二　詩題限制

擊鉢吟的詩題，最初並無限制，由參與者隨興而作，後來漸漸以拈題決定之。今日本省各地之詩社，大都是由參加聯吟的人，當場推舉命題人員。較大的集會，推選若干人，共同商定，如果不能協調時，可將各人所命之題名，以抽籤方式決定之，然後交由大會主持人，當衆宣佈，參加與會人員，應即共同遵守，不得異議。

三　詩體限制

擊鉢吟的詩體，以前並無限定，由與會者隨意吟哦，不論律、絕、或五言、七言均可。今則大都以近體詩爲準，通常規模較大之集會，以一律一絕爲限。至於決定五言或七言，則係臨時商定的。

四　用韻限制

擊鉢吟之用韻，一律以平水韻爲準，不得通轉，古人亦可押仄韻，今則皆以押平韻爲限，通常在詩題與詩體決定後，由大會主持人當衆拈之，一經拈到某韻，就是某韻，其方式係用一竹筒，內放書有全部平韻之韻目的竹籤，臨時抽出決定之。另有一法，謂之點韻，其方法任取一書，隨口說出以某頁某行自第一字起係屬某韻，如逢屬於仄韻時，則挨次點下，至得平韻爲止。此法較爲方便。

以上四點，乃擊鉢吟的規律，但應由何人執行，前人大都是詩成後，彼此傳觀，共同品評爲樂事。今則係於聯吟時，當場推舉與會之詩人中，資望學驗較高者爲詞宗，負責評閱，惟恐詞宗觀點有別，故通常推舉二人，分任左右詞宗。假如屬全省性的大會，因參加人員衆多，詩篇纍纍，以詞宗一人之精力，實難一一詳閱，故必須當場另行推選若干人，爲荐稿詞宗先行詳閱，取較優者若干名，然後彙交左右詞宗評定名次。

左右詞宗及荐稿推選出來後，大會主持人即應招待其至與外人隔絕之處，以免與其他參加人員接觸，發生互通關節之虞，迨至全部詩篇評定竣事，交由大會發表時，始得自由。

擔任左右詞宗者，自己之作品，應廻避不得自己選取自己。換句話說，左詞宗的佳作，自己不得選在錄取名額之內，但其詩篇可交右詞宗去評選。惟恐與會人員中，平素與左右詞宗有往來者，在筆墨字跡間，能看出某者可能是某人之作品，以致評選發生偏差，是故大會應將全部之詩稿，重新謄寫兩份，分別送交左右詞宗評閱，經謄寫後之詩稿，全部一律，已非原作者之筆跡，自無跡象可尋了。

第二節　擊缽吟的忌諱

擊缽吟除了上節所述的規律應遵守外，尚有很多忌諱，觸犯這些忌諱者，就注定名落孫山之命運，初學者如參加聯吟會時，應加注意，否則不論你是滿腹經綸，字字珠璣，亦將遭受詞宗淘汰之命運。

擊缽吟的忌諱，究竟是從甚麽時候開始有的，到底有些什麽？爲什麽有這些的忌諱呢？筆者在寫此章時，曾到處物色資料，請教很多吟壇前輩，均難說出其所以然來，如有提示，亦僅一鱗半爪而已，因此只好將一些殘缺的資料加以研究，所得結論如下：

擊缽吟與閒詠課題不同，不但作者時間限制，同時評選的時間亦很緊迫，詞宗選評時，不得不吹毛求疵。換句話說，擊缽吟的忌諱是詞宗爲自己選詩方便而產生的；以後相沿成習。是故所謂忌諱，就並不完全一樣了，下列各點，係筆者歷年來參加聯吟時所得的經驗，與蒐集部份資料研究出來的：

(1)　擊缽吟點題忌犯題字

擊缽吟的點題忌用題字，如詩題過長，其中一部份在詩篇中出現，有的詞宗不忌，有的仍是不許。所以在可能範圍內，應盡量避免爲宜。

(2) 擊鉢吟忌犯重韻

所謂重韻，就是一字有兩種意義，在一首詩裡，不得並用，如「消」字用在動詞方面的意思是「消滅」，假如用在名詞方面的意思是「消息」，如在一首詩裏，同時應用兩個「消」字，便是重韻了。但有時詞宗沒有注意，或是因爲對偶關係，或是必須應用可使詩篇生色不少，則又當別論，最好盡量避免。

(3) 擊鉢吟忌複韻

所謂「複韻」，就是一韻中可能有幾個意義相同的字，在一首詩裏不得並押，犯者就謂之「複韻」，如七陽的「芳」，「香」。十一尤的「憂」，「愁」字義均是一樣，就不能同時並押。

(4) 忌大運病

擊鉢吟的韻脚字，在一首詩裡，切忌於九字內，重叠相犯。如詩題是「春雪」，限十一眞韻，則凡詩中任何一句於九字內用了十一眞韻裡的字，如不是押韻就謂之重叠相犯的大運病也。茲舉一例說明如下：

「歲月催人又暮春，驚愁燕寂落花銀。」

上例「人」字係十一眞之韻，與押韻的「春」字，九字內重疊相犯是也。

(5) 忌第五字活用

閒詠的詩，依平仄譜格律，有時五言的第一、三字，七言的一、三、五是可以活用的，擊鉢吟則不然，除五言的第一字，七言的第一和第三字有時可活用外，五言的第三字，七言的第五字，絕對忌戒活用，必須依照平仄譜規律走，倘然是因對偶關係，別無他字更換，萬不得已，必須活用時，亦應將該聯的上下句，第三字與第五字平仄互易。如趙嘏的長安秋望第二聯「殘星幾點雁橫塞，長笛一聲人倚樓。」依平仄譜應是「平平仄仄平平仄，仄仄平平仄仄平。」現在他將第三與第五的平仄互易，成爲「平平平仄仄平仄，仄仄仄平平仄平」。這種情形謂之拗體（讀者可詳本書第三章第三節），初學者切忌摹倣，擊鉢吟更應絕對避免。因爲詞宗選詩可能沒有注意到，很容易遭其剔除之命運，但是假如你已是成名了，很大胆的互易後，無論是對仗，結構，詞意確很工整，逢到詞宗是很精明博學的，那你的作品就很可能名列前茅。

(6) 忌犯孤平寡仄病

所謂孤平寡仄，就是兩仄之間挾一平字，或是兩平之間挾一仄字，前者係犯孤平，後者是犯寡仄，如何避免有此毛病，最好的辦法就是減少第一字及第三字之活用。換句話說，擊鉢吟最好是依平仄譜規律去做爲上策。

(7) 忌三仄頭或三平尾病

擊鉢吟切忌連續應用三個仄字起句，或是連續三個平字結句。前者係患三仄頭，後者是爲三平尾。欲根除三仄頭病，應避免第三字活用。至於避免三平尾的方法，就是不可活用第五字。

(8) 忌平頭病

所謂平頭病，就是第一字不得與第六字同聲，第二字不得與第七字同聲，例如「今日良人會，歡樂有誰知。」這兩句詩的第一字「今」字與第六字的「歡」字皆同爲平聲字，又第二字的「日」字與第七字的「樂」字同爲仄聲字，這種情形就叫平頭病。

(9) 忌小韻病

所謂小韻病，就是九字中不得有兩字同韻。例如「妻子已乖離，那宜圓破鏡。」此例上句的「子」字與「已」字同爲上聲的紙韻，又上句的「離」字與下句的「宜」字，同爲平聲的支韻，這種情形均是在九字以內相見，謂之小韻病，尤其是在五字以內，應絕對避免，九字內尚可稍寬。

⑽　忌蜂腰病

所謂蜂腰病，就是一句中第二字與第五字同聲，蓋其兩頭大，中間細似蜂腰，讀起來覺得很彆扭。例如「顧君多克勤，他日定安樂」。此例上句的第二字「君」字，與第五字的「勤」字，同爲平聲文韻，下句的「日」字與「樂」字同爲仄聲韻。

以上十點可說是擊缽吟的忌諱，讀者如能注意這些要點，按照本書作詩的要領去創作，相信一定可以榜上題名的。

第三節　怎樣作好擊缽吟

上面說過，擊缽吟是以前一班文人飽食終日，無所用心計者的遊戲之作，詩成彼此傳觀爲樂事。清之中葉以後，各地興會淋漓，參加聯吟人員日多，彼此傳觀須時，故改以推選詞宗，當場負責評選，取較優者佳作，當場吟唱，以符雅文共賞之旨，因之少數名利心重者，就彼此鉤心鬪角，研究詞宗選詩的要領與好惡，以冀博取詞宗的注意，無形中就產生一種投機取巧的方法來。所以說擊缽吟是一種投機的創作，因爲一個名詩人，如不注意擊缽吟的要領，則任他滿腹經綸，字字珠璣，參加聯吟時，其作品不但不能名列前茅，而落選乃是常有的事，本書在這裡特闢一節，提供一些有關擊鉢吟的要領，以作參考：

(1) 嚴守平仄譜之規律

擊鉢吟的詩，應切實依照平仄譜規律走，絕不可活用，否則容易觸犯忌諱，遭受詞宗淘汰。

(2) 針對詞宗心理投其所好

詞宗是聯吟會的最高權力者，如果您的佳作，詞宗看不入眼，還是等於廢紙一樣，所以欲求詩篇能得入選，必先研究詞宗的心理，研究詞宗喜愛何種詞藻，然後投其所好，這一點如能做到，入選自無問題，所謂「若得詞宗意，便是好工夫。」就是此意。但詞宗的心理應如何研究呢，最好的辦法，可將經常被推聘爲詞宗的人之作品，蒐集研讀，遇到聯吟時可引用其詞藻，摹倣其作法，投其所好，這樣自然很順利的獲得入選，因爲詞宗的選詩方法，必定就是他的作詩方法無疑。

(3) 造句鍊字要通俗響亮

擊鉢吟的造句及鍊字，應以通俗響亮爲主，很少見的僻詞或僻字，少用爲宜，因爲詞宗是臨時推選的，評選時間有限，且詩篇一多，實難一一予以考慮，你所用的是否正確，萬一失誤，不但貽笑大方，恐將影響其聲譽不淺，不如予以剔除，以免增加困擾為上策。

(4) 切忌押啞韻

擊鉢吟的押韻，必須揀響亮的字，切忌押不甚顯明的啞韻，以免字句不挺，使全詩失色。所謂啞韻，就是讀起來總是不響亮的韻脚字，因爲詞宗在選詩時，心、眼、口同時並到，不響亮的韻，一定很難讀得順口，很容易受到除名，所以必須注意。

(5) 切莫押險韻

所謂險韻就是不普通不常見的韻脚字是也。用險韻在擊鉢吟實很不宜的，因爲這種韻字平素既不常見，則他的字義，自難明白，詞宗選詩時，發生疑問，絕無可能去找辭典求證，必定予以置棄爲其最好的辦法。但是您若確知選詩的詞宗，平素是喜歡用險韻的人，自然可以一試，投其所好。

(6) 用典應力求通俗

擊鉢吟與課題不同，詞宗選詩時間很短，所以用典宜以通俗者爲要，冷僻的典故應盡量避免，否則詞宗發生疑問，在無可能查證的原則下，只有棄置，以免發生意外。

(7) 別有解釋的字應少用

字有實字虛用，和虛字實用之別，如上平聲十灰的「回」字，是回轉的意思，就不能作回避用，因爲迴避的「回」字，是要讀去聲，屬於十一隊的仄韻了。又例下平聲四豪的「勞」字，是用力甚力之意，就不能作慰勞用，因慰勞的「勞」字，是讀去聲二十號韻。這種別有解釋的字，應盡量少用，以免詞宗一時發生錯覺，而棄掉不取。

(8) 律詩的對仗應求工整

擊鉢吟的律詩，中間兩聯，應力求工整，因爲詞宗評選時，可能因時間關係，最初先看中間兩對，如對仗欠工整，其他結構再好，亦須大打折扣，因此律詩的中間兩聯對仗，應力求工整，始能引起詞宗之注意。

(9) 勿觸犯忌諱

擊鉢吟的忌諱，是因詞宗選詩方便而來的，所以切莫觸犯，始有入選希望，因此當你詩成後，應即反覆斟酌，是否觸犯，以免落選之虞。

(10) 構思勿離題太遠

擊鉢吟的構思，最好每句均能與題面關照，寫出題目的本意，切勿憑空翻騰，離題太遠，須知詞宗選詩，因時間關係，初次大都是走馬看花，如果構思深遠，難免使詞宗忽畧，誤以文不對題。

⑾ 層次分明用精彩的警句投機

擊缽吟的好壞，入選與否，取決於詞宗一念之間。如果讀者能依上述各要領去創作，入選定無問題，但名次的高低，除注意詩的內容與結構，起承轉合，層次分明外，應用精彩的警句投機，以吸引詞宗的注意。所謂精彩的警句，就是以當時的人、地、時、物之環境，寫出切合詩題的獨特構思是也。茲擧一例說明如下：

例：庚子詩人節感懷　　顏其昌

中臺踐約興遄飛，庚子詩盟願不違。北望山河仍是舊，南來歲月未全非。
三湘此日追騷客，八卦當年樹虎旂。角黍蒲觴酬令節，毋忘薪膽破吳歸。

這首詩是庚子年（即民國四十九年）五月初五全國詩人假臺中市擧行聯吟大會，吟友顏其昌兄中元佳作，其結聯「角黍蒲觴酬令節，毋忘薪胆破吳歸。」在此時此地，全國上下正爲反攻復國工作而努力，作者能援古警今，其無限感懷溢於言外，是爲精彩的警句，不愧元佳作也。

第十一章　詩鐘

詩鐘乃文人遊戲之作，始於淸之中葉，閩中有改詩之戲，其法係取古人句，加減而點綴之，但當時之文人，以其法簡易，因更律絕體而爲兩句，名爲詩鐘，繼傳各省。於是鈎心鬪角，頗具匠巧。相傳其規律頗嚴，拈題時須繫寸許香，在綴錢之縷，下承銅盤，香炷錢墜，其聲鏗鏗然，以作構思之限，亦即如刻燭擊鉢之意也。

詩鐘又名「羊角對」，或名「詩唱」，又名「百衲琴」其意是取詩之精者，雜綴爲之，陸游詩云「愛百納琴常鎖匣」，百衲琴乃取桐孫之精雜綴之琴也。又別名「雕玉双聯」。此係以白居易詩「寸截金爲句，双雕玉作聯」。別名本意於此。但上述諸名，究不如詩鐘之名普及也。

詩鐘的源起與名辭，既如上述。其格式可分爲嵌字，與分詠。分詠沒有別體。但嵌字則立名甚多，有正格與別格之分，茲爲讀者明瞭起見，分別將詩鐘各種體式說明介紹如下：

第一節　嵌字正格

嵌字正格可分爲七種，一名鳳頂，二名燕頷，三名鳶肩，四名蜂腰，五名鶴膝，六名鳧脛，七名龍尾。

(1) 鳳頂格

所謂「鳳頂格」，就是把詩鐘之題面字，嵌於上、下句之第一字。故近時概以「一唱」名之。

其圖式如下：

鳳頂格 ●● ○○ ○○ ○○ ○○ ○○ ○○ 又曰「一唱」

上列圖式「●」係表示可將詩鐘題嵌入。

例一：晚寒

●寒煙簾外籠新竹，
●晚雨牆陰滴破蕉。

●晚照橫空秋色好，
●寒梅初綻雪香飄。

例二：詩草

●詩書不幸經秦火，
●草木猶能建晉功。

(2) 燕頷格

燕頷格就是將詩鐘題字，嵌於上下句的第二字，故又稱「二唱」，其圖式如下：

燕頷格 ○○ ●● ○○ ○○ ○○ ○○ ○○ 又稱「二唱」

例一：公德

奉公廉潔尊楊震，
立德忠貞效岳飛。

例二：春水

初春鸚鵡偏饒舌，
戲水鴛鴦慣並頭。

(3) 鳶肩格

鳶肩格是把鐘題，分嵌於上下句的第三字，又稱「三唱」，其圖式如下：

鳶肩格 ｛○○ ○○ ●● ○○ ○○ ○○ ○○｝ 又名「三唱」

例一：戰臣

汗馬戰功甘裹革，
牧羊臣節苦吞氈。

例二：蘆雁

一行雁鳥傳霜訊，
兩岸蘆花伴雪吟。

(4) 蜂腰格

蜂腰格又稱「四唱」，其作法是把詩鐘題分嵌於上下句的第四字。圖式如下：

蜂腰格︷○○ ○○ ○○ ●● ○○ ○○ ○○︸又稱四唱

例一：水　門

鴛鴦戲●水●春方暖，

蝙蝠敲門日已昏。

例二：劍　花

預留寶●劍●售知己，

多乞名花伴美人。

(5) 鶴 膝 格

詩鐘題分嵌於上下句的第五字者，謂之鶴膝格，又稱「五唱」，其圖式如下：

鶴膝格︷○○ ○○ ○○ ○○ ●● ○○ ○○︸又稱五唱

例一：金　水

佩印嫂知●金●可畏，

覆盆妻恨水難收。

例二：難　易

世事似棋●難●下手，

人情如水易生波。

(6) 鳧脛格

「鳧脛」又稱「六唱」，其圖式如左：

鳧脛格｛○○　○○　○○　○○　○○　●●　○○｝又稱「六唱」

例一：酒　風

寒食市橋颺**酒**旆，
重陽城郭放**風**箏。

例二：有　無

赤壁破曹風**有**力，
烏江亡項劍**無**情。

(7) 龍尾格

龍尾格的作法，把鐘題分嵌於上下句的第七字，又稱「七唱」，因爲是每句的最後一字，故有龍尾之謂，其圖式如左：

龍尾格｛○○　○○　○○　○○　○○　○○　●●｝又稱「七唱」

例一：風　雪

例二：多　少

耐寒鶴聳雙肩雪●，　猜拳鬪酒千杯少●，
報曉鷄張兩翼風●。　打刼爭棋半目多●。

以上所述七種格式，是爲詩鐘嵌字正格。亦乃今時所常見者。這些體式的鐘題，必須皆爲兩字。

第二節　嵌字別格

嵌字之別格，名目較正格爲多。通常有魁斗格、蟬聯格、鴻爪格、雙鈎格、碎錦格、鷺拳格、流水格、唾珠格、雜俎格、鼎足格、三四轆轤格、四五捲簾格等十二種。茲分別列式舉例說明於後：

(1) 魁斗格

魁斗格是把詩鐘題，一字嵌於上句首（即第一字，）一字嵌於下句尾（即第七字）。這種格式今人亦常應用。其圖式如下：

魁斗格
●○○○○○○……上句
○○○○○○●……下句

例一：寒　枕　　　　例二：百　花

●枕上並頭嫌夜短，　　●百鷗點水浪如雪，
被中擁背慰春寒●。　　群蝶過牆鄰有花●。

(2) 蟬　聯　格

蟬聯格是以一字嵌於上句尾，一字嵌於下句首，其組成恰與魁斗格相反。其圖式如次：

蟬聯格
○○○○○○●……上句
●○○○○○○……下句

例一：漢　中　　　　例二：苦　老

北海牧羊心有漢●，　　別後思君吞淚苦●，
●中原逐鹿目無秦。　　●老來媚妾剃鬟勤。

(3) 鷺　拳　格

鷺拳格是以鐘題的一字嵌於上句的第六字，另一字嵌於下句的第二字。圖式如左

路拳格

上句：○○○○○●○……
下句：○●○○○○○……

例一：遊　興

貧言有客交遊廣，
老興求官志氣高。

例二：春　菊

柳條未葉因春晚，
籬菊傲霜帶露香。

(4) 鼎足格

鼎足格的詩鐘題應是三個字，所謂鼎足，顧名思義必有三也。他的作法是三字嵌於兩句中，不相並立，亦即以兩字嵌於上句的首尾，一字嵌於下句的第四字，形如鼎足。今人或有以一字嵌於上句第四字，兩字嵌於下句首尾，爲鼎足格，實有錯誤焉，雖然其嵌法亦如鼎足，但詩鐘之規律，限制極嚴，絕不許可有此活用現象存在。以筆者蒐集之資料，研究結果，係屬另一格也，容後述之。茲先將鼎足格之圖式列後並舉例以爲讀者參考：

鼎足格

上句：●○○○○○●……
下句：○○○●○○○……

例一：一　定　錯

例二：浪　起　怒

一●氣呵成詩不錯●，
百年論定●史無私。

怒●髮冲冠揮劍起●，
乘風破浪●着鞭先。

(5) 鴻爪格

鴻爪格之作法，恰與鼎足格相反，鐘題仍應三字，以一字嵌於上句第四字，二字嵌於下句的首尾，其圖式如下：

鴻爪格
○○○●○○○……上句
●○○○○○●……下句

例一：美人語

名花解語●眞傾國，
美●酒醞醇自醉人●。

例二：一人笑

千金買笑●風流客，
一●夜銷魂吝嗇人●。

(6) 双鈎格

双鈎格的詩鐘，其鐘題應爲四字，分嵌於上下句的首尾，圖式如下：

双鉤格

●○○○○○●……上句
●○○○○○●……下句

例一：山峯海岸

海闊無涯天作岸，
山高絕頂樹爲峯。

例二：貪愛情面

情鍾紅粉皆因愛，
面對黃金孰不貪。

(7) 唖珠格

鐘題四字，只須照題字順序分嵌於上下句的第一字及第二字者，謂之唖珠格，圖式如下

唖珠格

●●○○○○○……上句
●●○○○○○……下句

例一：陰晴寒暖

寒暖無常白露節，
陰晴不定黃梅天。

例二：神仙兒女

神仙富貴黃粱夢，
兒女情緣白紵歌。

(8) 流水格

流水格是出句嵌第一第四字，對句嵌第三第五字，這種嵌法像流水樣，故曰流水格，其圖式如下：

流水格
●○○●○○○……出句
○○●○●○○……對句

例一：新秋吟雨

秋●風暴雨●醒殘夢，
夏日新●蟬吟●碎聲。

例二：舊語可羞

語●半含羞●新嫁婦，
心猶可●念舊●情人。

(9) 碎錦格

詩鐘題四字以上者，任意嵌於兩句中，稱爲碎錦，或稱碎流格。這種嵌法，如能將鐘題分開嵌於上下句，不相並立，且對仗工整爲佳構。因可任意嵌於兩句中，則其嵌法圖式變化很大，自難一一列出，茲爲讀者容易明白起見，略列二種圖式於后，並舉例說明之，不過這種格式，表面上看，是較上述諸格容易作，但實際上要作得很工整是很難的。

碎錦格圖式之一

碎錦格㈠

上句	下句
○	●
●	○
○	●
○	○
●	○
○	○
○	●
……	……

例一：秋遊日月潭

春日風生潭畔草，
秋天月正雁南遊。

例二：花窗看滿淸

橫窗竹影看如畫，
滿院花香數不淸。

碎錦格圖式之二

碎錦格㈡

上句	下句
●	○
○	●
●	○
○	●
○	○
●	○
○	○
……	……

秋光日暮名潭碧，
山月夜遊故國心。

窗前花訊傳淸馥，
月滿夜看分外明。

⑽ 五雜組格

鐘題五字任意嵌於兩句中，名之爲五雜組，這種格式，與碎錦格類似，不過碎錦之鐘題是四字以上，換句話說，碎錦格的鐘題四字或五字的，六字七字均可。但五字的鐘題亦可以五雜稱之。如能分嵌於兩句中，不相並立爲佳作。圖例如上。

⑾ 四五捲簾格

凡詩鐘題二字，以一字嵌於上句第四字，一字嵌於下句第五字，這種嵌法，稱爲四五捲簾格，其圖式如下：

四五捲簾格

○○○●○○○……上句

○○○○●○○……下句

例一：香　艷

群花競艷蝶蜂舞，

滿室芬芳香水濃。

例二：餽　多

新貴門多投刺客，

清官夜絕餽金人。

⑿ 三四轆轤格

凡詩鐘題二字，一嵌於上句第三字，一嵌於下句第四字，謂之三四轆轤，其圖式如下：

三四轆轤格（○○○●○○○……上句
　　　　　　　○○○●○○○……下句）

上句：○○●○○○○
下句：○○○●○○○

例一：內　人

三思內●省聖賢德，
萬事讓人●君子心。

例二：涼　水

春江水●暖群魚上，
天末風涼●一雁來。

以上所述嵌字別格，所舉各例，因前人佳作，僅有一鱗半爪。是以大部份爲作者模式擬撰，或有欠工整，旨在拋磚引玉，並作爲初學者之參考。此外尙有名爲比翼格，雲泥格，這些均是後人新創名稱，其限制較寬，如比翼格說，作者可任意嵌於第某字，換句話說，就是從一唱到七唱，你可隨便作可也，又雲泥格，就是將鐘題任意嵌一字在上句，一字在下句是也。

第三節　分　詠

詩鐘除嵌字外，尙有分詠，分詠本無他體，嗣以一班文人，飽食終日，於詩鐘風行時，鈎心鬬角，詠事詠物，標新立異，於是隨有合詠，單詠，嵌詠，籠紗，晦明名稱出來。茲分別略述如下：

(1) 分詠格

分詠格是鐘題指定兩件事或物，作者應一句詠一事物，不得露出題字，稱爲分詠。這種詩鐘，大都引用成辭故事，才能切合題面，否則很難着筆，特舉三例於後，以供參考。

例一：宰相念經　婦人看戲

誰攜禪卷登黃閣，
一演風情下翠簾。

這首詩鐘作法是以推理方法着筆，上句寫宰相念經，因禪卷係指經書，宰相辦公處曰黃閣。下句是說戲演到風月之情時，看戲的人趕快把簾子放下，隱說婦人看戲的情形。這種寫法是在封建時代的寫照，如以二十世紀的今天言，又當別論了，上例係前人佳作，錄供讀者參考。

例二：腰　借書不還

五斗折來歸栗里，
一瓻假得占荊州。

這首是引用成詞故事點出題面，上句隱腰字，栗里係指陶淵明之故鄉，五斗是引晉陶潛爲彭澤令，郡遣督郵至縣，吏白應束帶見之，潛嘆曰，吾不能爲五斗米折腰，拳拳事鄉里小人，即棄官歸栗里。下句寫借書不還，一瓻係引古語「借書一瓻，還書一瓻。」占荆州是引三國時代劉備借用荆州之故事，影射借書不還。

例三：豆腐　鞭炮

喜事門前燃鳳尾，
殘肴廚下煮魚頭。

例三上句寫鞭炮，下句寫豆腐，這種作法其構想係寫意；雖云平淡，但別有風味。

(2) 合詠格

合詠格是兩句同詠一事物，不露題字。

例：口紅

脣朱欲掩蛾眉老，
臉白何須脂粉香。

口紅爲現代士女的化粧品，上例兩句均係同詠口紅。

例二：煙　斗

吞雲吐霧舶來品，
名將隨身舉世聞。

煙斗係洋人的煙具，美國名將麥克阿瑟元帥，有根煙斗很著名，其一生戎馬生活，於槍林彈雨中，未嘗一日與煙斗分離，麥帥到那裏，煙斗亦到那裏，有煙斗在此，麥帥必在此，是以漫畫家均以煙斗象徵麥帥，本例下句構想亦即在此。

(3) 單詠格

單詠格是以詩鐘題作一聯，禁犯題字，但聯中必須嵌上題字中組成的一字，以杜宿構，這種可說是詩鐘較難的一種，前人作品甚少，爲使讀者明白起見，姑舉三例說明。

例一：孕　婦

十月懷胚子息見，
三年乳哺母恩高。

右例孕婦，上句「十月懷胚子息見」是寫題，其中「子」字乃「孕」字組成的一字。所以單詠格就是兩句中；其中一句寫題，另一句係就寫題句作成對偶，本例下句「三年乳哺母恩高，」乃上句之對偶句也。再舉例二如下：

例二：飲　酒

殘局傍觀●多意見，
舉杯獨酌欠知音。

例三：飲　酒

揚手通關●行將令，
邀朋淺酌食蘭香。

上例下句「舉杯獨酌」係寫題「欠知音」的欠字，及「食蘭香」的食字均是鐘題「飲」字的組成一字。而其上句，均是就下句作成的對偶。

(4) 晦明格

晦明格是一句寫意，一句明點題字，這種詩鐘，前人佳作未曾見到，聊就格式摹擬一例如下，以供參考。

例：龍井茶

頭綱雋味含胸臆，
龍井新香沁齒牙。

右例鐘題是龍井茶，依晦明格作法，上句「頭綱雋味含胸臆」就是寫意，道出喝茶應以第一道的茶是最好的，下句很明白的把題面龍井茶點出來。

(5) 嵌詠格

嵌詠格的作法是兩句同咏一事物，不露題字，但鐘題限嵌之字，可任意嵌於兩句之中。

例一：新月嵌官字

雲外一鉤官道晚，
林梢半掛女牆明。

又

乍見娥鉤邊塞夜，
偶繙官歷上弦時。

例二：燕　嵌燈字

呢喃門巷收燈夜
冷落樓臺墜壘時

又

故壘塵封兵後屋
空梁泥落佛燈前

上例係前人佳作，讀者可由例與作法，相互對照一下，就可明白。

(6) 籠紗格

所謂籠紗格，是用故實而隱題字，一見而知其嵌藏某字在內。隨拈二字，據典成聯，不得露字面。這種的作法，謂之籠紗。

例一：春　手

水掬忽驚明月在，

曉眠不覺落花多。

右例上句寫手字，蓋掬者兩手承取也，是故「水掬忽驚明月在」，一看就令人想到其中嵌藏「手」字在內，至於下句很明白可看出，是引用孟浩然的春曉句而來，一見而知其嵌有「春」字在內。

例二：千　面

酬飯王孫金有價，

彈章監察鐵無私。

右例上句引用韓信得志時，酬漂母一飯之恩，而嵌藏「千」字在內。下句是說監察委員，彈劾官吏，鐵面無私。監察委員即古之御史，其中即嵌藏「面」字。

第四節　詩鐘的作法

詩鐘的各種體式，前面已經分別介紹。或有人語我曰，詩鐘就是對聯嗎，何必專列一章介紹！此說，乃膚淺之見，事實不然，上面已經說過，詩鐘是擷取詩之精者，雜綴而成之，不但字句，字數有一定，且須注意對仗工整，嚴守平仄規律，才能吟唱，而對聯則不然，其句數可長可短，字數亦可多可少，只要字意相對，至於字的聲調平仄并不如詩鐘之嚴，其單數字皆可活用。只求双數字相對即可，若是幾句合成的較長對子，則連平仄是否相對，亦可馬虎了。這就是詩鐘與對聯的分別不同之處。

詩鐘的造句方法，分上下兩句，「上句」又稱「出句」，「下句」又名「對句」，因鐘題常有不相類者。或以動詞，間有形容詞，詠事詠物，蹤難著筆，但必須語出自然，無分軒輊，如天衣無縫，銖兩悉稱爲佳構，其初名爲改詩，嗣更律絕體爲兩句皆以七字爲準，換句話說，乃擷取七律的中間兩聯而來的，因此平仄譜可分爲平起與仄起兩式：

(1) 平起平仄譜

平⊗ 平 仄⊗ 仄 平 平 仄，

仄⊗ 仄 平⊗ 平 仄 仄 平。

上例譜式有⊗者，表示可平可仄。

例一：山 雨　二唱

好 山 對 面 開 簾 看，

舊雨同心剪燭談。

上例出句第一字，應平聲字，今用「好」字是仄聲字，對仗非常工整，其第五字「開」與「剪」，均屬動詞，揀字很工。

例二：別來　六唱

呼門兒識常來客，

修柬名忘久別人。

上例出句第三字應仄聲，下句第一字應仄聲，今分別用「兒」字及「修」字均爲平聲字。

例三：夫妻弟妹　唖珠格

夫妻燕壘双棲侶，

弟妹羊車總角遊。

上例唖珠格，可說是最合譜式的沒有活用的現象。

(2) 仄起平仄譜

仄⊗仄平⊗平平仄仄；
平⊗平仄⊗仄仄平平。

例一：也 有 三唱

惹禍也●如蛾赴火，
憐香有●類蝶尋花。

上例鐘題也有，均屬仄聲字，因爲是三唱，所以並不發生問題，因第三字可以活用的，所以詩鐘的嵌字正格，鐘題亦得有考慮。

例二：寒 食 七唱

新米待炊常晚食●
敝裘才典忽春寒●

右例上句第一字應仄聲，今用「新」字是平聲，第三字應平聲，今用「待」字是仄聲字，下句第一字應平聲，今用「敝」字是仄聲，讀者們稍加注意就可明白。

例三：之　老　籠紗格

小字風流傳杜牧，

一官潦倒歎馮唐。

右例係分詠之籠紗格，僅下句第一字是活用。其鐘題是之、老兩字，一見就可知其上句是寫之字，因爲杜牧是唐萬年人，字牧之，太和進士，累官中書舍人，俊邁不羈，其詩豪邁，與李商隱齊名，時號李杜，爲別於杜甫，故稱爲小杜，上句構思在此。至於下句，係引「馮唐一生任官爲郎，不得志，至漢景帝時，始爲楚相，但年已老邁，武帝立後以老退休，上例對句，一看而知其嵌藏「老」字在內。

總之，詩鐘係文人遊戲之作，其作法不論嵌字正格，或嵌字別格，分詠等之造句平仄式，只有上述兩種，必須語出自然，對仗工穩，絕不可勉強湊。

第十二章　新體詩

新體詩是民國成立以後的產物，他是因原有的詩體拘束太多，而求解放的一種詩體。在這裡所說的新，應該是指對舊而言的。所以新是有時間性的，新是隨着時代潮流而變的，也許現在所說的新，再過一段時間，已經成爲舊了!!

新體詩又稱「新詩」，它是「五四」運動以後，隨着「白話文」而興起的，其初以「白話詩」的新姿，從舊詩傳統的型體束縛下解蛻出來的，所以把舊詩的格律、限制、句法、章法一齊打破，爭取自然與自由，用純樸平易的風格，出現於新的文藝天地之內，到現在已有四十多年歷史。其間因受歐美之風影響，以致派系分歧，主張各異，在形式上與風格上，竟漸漸脫離了數千年來傳統文化的本位，沾染了西洋文學的習氣，所謂浪漫派，象徵派，意象派……等的新枷鎖，又重新把剛興起的新詩牢圄起來，凡此種種當然不是本書討論範圍，留待專家學者去評論，本書要談的係是新體詩的寫作入門，且筆者亦非此中專長，僅將手中所集資料，加以研究整理，使初學者得有門徑可循，略備一體而已，俾免這本「學詩門徑」，發生殘缺之憾。因此如有不到之處，尚祈讀者諸君匡正與鑒宥。

第一節　怎樣學習新詩

「五四」運動以後，新詩的興起，可以說解除傳統的束縛，掙脫了近體詩律絕的種種不同格律限制，不需要再推敲着「平平仄仄平平仄」，也不需要「一東二冬，三江四支」等限韻，更不需要「天對地」、「雨對風」，「晚照」對「晴空」的對偶了，但來自歐美的所謂「古典主義」、「浪漫主義」、「自然主義」、「浪漫派」、「印象派」、「象徵派」等等的新名詞，仍舊是把新詩劃出很多小圈圈來，這種情形，恰如民國成立以後的婦女，提倡剪髮，反對纏足，從梳高髻，穿弓鞋的桎梏下，爭取了自然與自由；但曾幾何時，又風靡了燙頭髮，着高跟鞋的歐美風尚，兩者相較，在形體上確是改變了，但在生理上，只能說是解脫一部份，可是實際在行動上，依然是沒有達到完全自由與自然。因此筆者認為西洋的文藝，確有值得我們仿效之處，但中國的舊詩，未嘗沒有長處，假如能夠吸收舊詩的優點，再配合西洋文學的精粹，融會貫通，這樣創作出來的新詩，不但保存了中華民族的本位與風格，同時亦可適應世界潮流，才是我們這一個偉大時代的心聲。

茲將學習新詩的途徑，略述如下：

(一) 從中國的舊詩中去學習

中國的舊詩固然是束縛太多，不能切合時代潮流，但它歷幾千年而不滅，自有它成功之處，實不應把它整個否定了。所以我們可以反對舊詩束縛的格律，但不應該反對舊詩很多值得我們驕傲的長處，這不是筆者對於舊詩的偏愛，而是舊詩的優點很多，茲略舉數點如下：

(1) 舊詩的優點很簡潔，沒有一個廢字，也沒有一句廢話。

(2) 舊詩的意境深遠；如杜牧的泊秦淮句，「煙籠寒水月籠沙，夜泊秦淮近酒家」，這種意境，讀來是何等的深遠。

(3) 舊詩的境界超脫，這種情形，在新詩中及西洋詩中是很少見，尤其是李白的詩更富境界超脫之美，如送孟浩然之廣陵絕句，「孤帆遠影碧空盡，惟見長江天際流」，眞是神來之筆，寫得確肖他在黃鶴樓送客的光景。

(4) 舊詩的形象，非常自然，如李白的夜思「床前明月光，疑是地上霜。」這個「霜」字就是把月光的明朗形象化了。

(5) 舊詩的比喻象徵，非常確切，如李商隱的無題「春蠶到死絲方盡，臘炬成灰淚始乾」。這種句法，不但是寫物，同時是藉物來象徵人的情感。

總之舊詩的優點很多，上述數點只是略舉出來的例證而已，讀者如多讀多看，自然可以聆會發覺出來，這些優點，實可供初學新詩者學習的地方。

(二) 從中國過去的新詩中學習

新詩運動到現在已有四十餘年的歷史，學寫新詩的人，必需知道過去的新詩作品，了解以前寫新詩的人，是如何創作，究竟有何成就，其作品是甚麼內容，有些甚麼形式，凡此種種，都應該有個概略的認識，才能知道那些地方可供我們寫作的借鏡。換句話說，初學寫作新詩的人，必需先多讀過去詩人創作的詩集，從過去的新詩中學習。

茲爲讀者學習起見，特列舉幾個比較出色的詩人作品，以供選讀。

(1) 徐志摩的「猛虎集」，「志摩的詩」。
(2) 現代派的戴望舒的「望舒草」。
(3) 創造社王獨淸的「聖母像前」，「威尼市」。
(4) 李金髮的「微雨」，「爲幸福而歌」。
(5) 宗白華的「流雲」。
(6) 氷心女士的「繁星」、「春水」。
(7) 劉半農的「揚鞭集」。
(8) 馮至的「北遊及其他」，「昨日之歌」。
(9) 焦菊英的「夜哭」。
(10) 何志浩的「壯志淩雲集」。

以上這些「詩集」，都是初學者值得一讀的。

(三) 從西洋詩中學習

世界上偉大的詩作品很多，如希臘荷馬的「依利亞特」，和「奧德賽」，德國歌德的「浮士德」，英國莎士比亞的全部詩劇，意大利但丁的「神曲」，這些名著，對一個初學者，也許覺得深奧，不過我們可以選擇其他比較精緻簡短，容易接受的作品來閱讀。如十九世紀浪漫派的詩人作品，可說是非常豐富，在英國有拜倫、雪萊、濟慈。德國有歌德、席勒、海涅。法國的維尼、雨果、拉馬丁、繆塞。至於象徵派在法國特別發展，以馬拉爾美、蘭波、和魏爾崙等爲著名，這些詩人的作品，是值得初學新詩的人學習的。中國的新詩人，比較有成就的，如新月派的徐志摩，是從英國詩人中學習的，王獨淸和李金髮是受法國詩的影響。尤其是李金髮更自命爲法國象徵派詩人魏爾崙的徒弟。

象徵派的詩含蓄、精細、深沉。有厭世悲觀的聲調。浪漫派的作風濶大、沉雄、有現實意義，但比較粗獷。學習時應將兩者之優點加以吸收爲己用。

第二節　新詩寫作的方法

新體詩的產生，是根源於舊詩解脫出來的，其寫作方法條件如下：

(1) **新體詩不拘格律**：前面說過，近體詩有五絕、五律、七絕、七律等種種不同名目，都是舊詩的格律範圍，新詩則把格律一齊推翻，想着什麽就寫什麽，要怎樣寫，就怎樣寫，很隨便的，也不須文采粉飾，可說是絕對自由，寫多些幾十句也可以，做得少些，兩句也不妨，句字做得整齊些或錯落參差些均不忌的。

(2) **新體詩平仄不拘**：近體詩的平仄，有一定的格式（平仄譜）。新詩則不拘泥，一句全用平聲字也可以，或者全用仄聲字也不忌。如寫對偶，上句全用平聲，下句仍平聲也可以的，就是用韻，也是平仄統協。

(3) **新體詩用韻自由**　第一可用現代韻，不拘古韻，更不拘平韻仄韻。第二平仄可以互押，第三有韻固然好，沒有韻也無妨。

(4) **新體詩不拘形式**：新詩沒有什麽規律可說，但最好是隨口說出，隨筆寫下，這樣才能自然，這是初學新詩的人應加注意的。其次是新詩應有含蓄，就是所有的感情，不可白說出來，而由讀者自己去領會。

上面所說是寫作新詩的基本認識，茲爲讀者明白了解，畧舉數例如下：

例一：相見　李同愈

冒了刺骨的寒風，
抱了戰慄的心胸，
踏著雪徑，穿過樹林，
到了喲！却又踟躕不進。
微顫的手指扣着虛掩房門，
請進來！是裏面的應聲，
縱然預期着相見時的歡欣，
可是一見啊！却又，侷促不寗。
任空中散滿着幽情。

這一首相見，上面所說的四點基本認識都有了。有對偶，如「踏着雪徑，穿過樹林」。且踏着雪徑四字均仄聲字。有用韻，如「風、胸、聲、欣、寗、心、情」。從開始冒了刺骨的寒風去，到相見時無言的情境，寫來很隨便又自然生動，不像舊詩有什麽格律可說，尤其

燈照着兩人的影，
壁爐烘燃着兩人的心，
誰也不再說話了，

例二：希望　胡適

我從山中來，
帶得蘭花草，
種在小園中，
希望開花早。
一日望三回，
望到花時過，
急壞看花人，
苞也沒一個。
眼見秋天到，
移花供在家。
明年春風回，
祝汝滿盆花。

是結語，「誰也不說話了，任空中散滿着幽情」。描摹出相見情緒，令人同感。

例三：冬夜　俞平伯

疏疏的星，
疏疏的林，
疏林外，
幾盞疏疏的燈。

× × ×

燈火漸漸稀少。
送來月色皎皎，
眼光也微微的倦了。
歲已將晚，
月已將圓，
人已將去此。

這首詩完全是五言古詩的格式，不過他直截採用俗語，一點也沒有文采粉飾。其中「草、早、過、個」是用韻而且都是仄韻。

例四：我在其中　　童鍾晉

滄海，浮雲，
偉大，渺小，
我在其中。

× × ×

白晝、黑夜，
光明、陰暗，
我在其中。

× × ×

生存、死亡，
幸福、苦痛，
我在其中。

這首詩和「詞」很相近，非但格式相近，連句子的構造法，也充滿了舊詞曲的風味。

一切是夢，
我不在其中。

這首詩的句法很簡潔，直截引用俗語，用很經濟的文學手段，把我在其中寫的非常出色，非常含蓄。

例五：感懷　　何志浩

夢，覺醒，淚零，
女人，心，
流水，行雲，
去，天涯難尋。

× × ×

× × ×

終有一天，
床，桌，依舊，
想起，淚流。
誰解我憂？

× × ×

照片，吻，
氷冷的朱唇。
愛，親，死，同情，
一腔酸辛。

× × ×

信，看，心跳，
眼，皎皎，淚珠暗拋。

黃昏，酒後，
徘徊空樓。

× × ×

燈，照着孤影，
憔悴，零丁，
沙做的女人。
放手，散了，
沒半點眞。

× × ×

愛，人生之謎，
青春，甘露，
彈指，流光如矢，

人來，强笑，

愁腸迴繞。

趣認眞，苦，

情天難補。

×　×　×

歸來！心！

記住！舊時光景：

孤山梅影，

搖動着春影。

這首詩的組織，用一字到五字的句子，寫成七節之長。故事婉曲，意境層出不窮，可說是作者擷取舊的詩詞精華，創造出新的形式來。前考試院長賈公景德註曰：「在詩經上一兩字成詩的，已不甚多，此作獨能別開生面，而且情致纏綿，並饒奇傑，可稱佳構。」

例六：小魚　　何志浩

月影浸在水裡，
小魚爭來吞餌。
咬個一口空，
失意的掉尾而去。

上例小魚，雖僅四句，但意境深遠，一氣呵成，非有相當造詣者，不能有此佳構。賈公景德註「有所爲而發」是也。

例七：有待

何志浩

朝望着輕雲變幻，暮看着倦鳥歸還。
淡煙籠碧樹，微雨濕征衫。
憶花前握別，語短情長，
曾叮嚀後會，春到江南。

× × ×

鷓鴣聲裏斜陽晚，期望不來心惦念。
我的人兒啊！
妳何故誤却歸期呢？
妳難道沒有看見花兒隨着風雨片片的瘦減？

× × ×

今日望明日，從朝望到夕。
隔鄰已賦歸，伊人無消息。
我的人兒啊！
妳是否有意延宕歸期呢？
妳難道沒有想到羈旅他鄉日暮未歸的孤客？

這首有待寫得熱情奔迸，前後一氣，句法有對偶，如「淡煙籠碧樹，微雨濕征衫。」其中亦有押韻，如「幻、還、晚、日、夕、息。」從起句到結束，讀來很順口，聽來很順耳，可說是作者從舊的詩詞中蛻變創造出來的佳構。

例八：秋夜吟　何志浩

暮雲起，夕照西。幾聲犬吠晚烟低。
風颯颯，草萋萋。俯首徘徊，怕聽鵑啼。

×　×　×

夜已闌，月將沉。殘星閃閃抱孤衾。
痛難禁，恨轉深。淚珠兒隕，無限傷心。

×　×　×

心兒酸，眉兒愁。
斷鴻午夜泣幽幽，霜天冷月一庭秋。

×　×　×

誰與歡？誰消憂？
望江樓上望江流，江流不斷水悠悠。

這首秋夜吟的句法、格式、聲調、完全是詞的風格，綺麗纏綿，躍然紙上。

綜上所舉的例，可知新詩是絕對自由，不講格律的做多些幾十句亦可，做得少，兩句也不妨，句子的組成，從一字到十餘字均可以的，做得很整齊也好，如長長短短錯落參差也可以，一句中全用平聲字或全用仄聲字也不妨，如做對偶上句全用平聲，其下句仍是用平聲，還是可以的，只要字義相對，不重字音的。用韻亦可平仄統協，不必如近體詩的嚴格，只要注意音節能自然和諧就好了。

第三節　寫作新詩的要點

新詩的寫作方法明白後，讀者們應該知道入門的路徑是從那裏起步了。但是當你嘗試學習起步時，可能發生很多應如何轉灣抹角的問題來，因此筆者特再提出幾點有關寫作新詩的要訣如下，以供參考。

(1)　取材必須是自己最熟識的事物

取材是寫詩的一重要工作，如果取材不當，則所寫的詩，自然缺乏內容，因爲所寫的對象自己不熟識，沒有深刻的觀察與了解，自然談不到寫出有聲有色的作品來。寫詩的第一要訣，必須注意取材。換句話說，就是所寫的對象，應寫自己最熟識的事物，然後將事物之本源熟悉融化，才能有好的作品。

(2) 內容應加剪裁與選擇

有很多作品內容，根本不是詩的內容，就是把全部的感覺寫出來，這種未加剪裁的寫法，乃初學者之通病。因此寫作時，最好先把詩的內容加以選擇，將精彩的內容留下，不是詩的精彩內容刪掉，切勿有不肯割愛的心理存在。

(3) 句法及鍊字應精簡

詩是最精簡的語言，不可拖泥帶水，不能寫一句廢話，或寫一個廢字。所謂「任髮莖莖白，詩須字字淸。」這是初學者應注意的；切不可認爲新詩是自由的，就放任了寫作態度，長篇大論的毫無節制，結果必定是全篇無一是處。因此初學者對於文字應加節約，造句應加鍛鍊，唐代的大詩人杜甫贈李白的詩云：「爲人性僻耽佳句，語不驚人死不休。」由此可知詩的句法與鍊字是如何的重要。

(4) 內容應富含蓄

詩的可貴之處，是在於不說明，而用暗示方法來表達，不像散文只要把道理說明白了。就算目的達到了。所以詩有藉物寫法，擬人寫法，双關寫法，這種筆法，都是暗示其裡面尚含有另一種境界，此即所謂「弦外之音」也。法國象徵派的大詩人馬拉爾美說：「作詩只可說到七分，其餘三分，應該由讀者去補充，分享創作之樂，才能了解詩的眞味。」這句話也就是說明詩的內容不可完全說出來，要留一部份意思在字句以外，由讀者自己去領會的。

(5) 注意音節和諧

詩是一種音樂，在人類的歷史上，詩歌與音樂早已結下了不解之緣。新詩的外形音韻，雖不甚重要，但並不是就否定詩的音樂性。因爲詩的內在節奏，有助於詩的內容潛在美。所謂「內在節奏」，就是每首詩句與句之間的抑揚頓挫，以及句中字與字之間音節的和諧，讀起來能順口活潑，有起伏變化的氣勢，令人悅耳動聽。

所以寫詩時，應注意每句的語氣自然，及每句內部所用的字音節和諧，不可如寫散文一樣，只把意思表達出來就算了。

辨別音節是否和諧的方法，就是把自己所寫成的句子，反覆朗誦，在誦讀時，就可發覺詩句的構造是否自然順口，如在反覆誦讀時，有覺生澀之處，應再修改，直到能誦讀得很順口，語氣成爲自然的節奏，才算是成功了。

(6) 注意結構及層次分明

一首好詩，從佈局開始到結束，前後應有互相呼應，段落有一定的安排，成爲一種完整的形式，令人一看覺得層次分明，結構融協之美。舊詩所說的「起、承、轉、合。亦即相同之意。初學寫作新詩的人，切勿忽畧，須知沒有佈局，沒有結構，層次不分，氣勢不能一貫的作品，只是些零碎的感覺，雖有片斷的精彩警句，在整個詩的氣氛上說，並不是一首完美的詩。

(7) 發揮天賦創造自己的心聲

一個成功的詩人，自然必須經過摹倣的階段，從摹倣中去鍛鍊學習。可是摹倣的時間切莫過長，以免失去自己的個性。因爲詩人的作品，如果失去了自己的個性表現，則他的作品就沒有價值。所以初學寫詩時，應盡量縮短摹倣的時間，同時應盡量避免利用他人現成的句子，而是要把各家之長，綜合起來，發揮自己的天賦，創造自己的心聲。即使自己沒有創作能力，亦應把別人的創作，或陳舊的句子加以改造，使其成爲己之所出的東西。

第四節　新詩選讀

新詩的入門，已經說完了，讀者看了以後，應該有點概略的認識，可以開始嘗試寫作了吧！不過在開始學習以前，最好還是多讀一些成名詩人的作品。可是今天我們只能看到在臺灣所出版的詩集和報章、雜誌所刊載的一些作品而已，至於十年以前已成過去的出版詩集，就很難讀到了。這對於一個初學寫作新詩的人，確有不少的影響，因此，筆者爲使讀者增加摹倣鍛鍊的機會，在萬難中蒐集了一部份過去和現在的佳作，摘錄於後，希讀者們能從讀詩中去認識攝取有助於寫作的一部份。

▲過印度洋　　作者：劉延陵

圓天蓋着大海，
黑水托着孤舟，
也看不見山，
天那邊只有雲頭；
也看不見樹；
那水上只有海鷗；
那裏是非洲？
那裏是歐洲？
我美麗的故鄉，
却在腦後，
怕回頭，怕回頭，
一陣大風浪捲上船頭！
颼颼，
吹得滿天雲霧一天愁。

▲雲　遊　　作者：新月派詩人　徐志摩

那天你翩翩的在空際雲遊，
自在，輕盈，你本不想停留。
在天的那方或地的那角，
你的愉快是無攔阻的逍遙。
你更不經意在卑微的地面，
有一流澗水，雖則你的明艷，
在過路時點染了他的空靈，
使他驚醒，將你的倩影抱緊。
他抱緊的只是綿密的憂愁，
因爲美不能在風光中靜止；
他要，他已飛度萬重的山頭，

去更潤大的湖海投射影子！
他在爲你消瘦，那一流澗水。
在無能的盼望，盼望你飛回。

▲女　人　　作者：中國唯美派詩人邵洵美

我敬重你，女人，我敬重你正像
我敬重一首唐人的小詩——
你用溫潤的平聲，乾脆的仄聲
來細縛住我的一句一字。
我疑心你，女人，我疑心你正像
我疑心一灣燦爛的天虹——
我不知道你的臉紅是爲了我，
還是爲了另外一個熟夢。

▲款　步　　作者：現代派著名詩人戴望舒

答應我繞過這些木柵，
去坐在江邊的遊椅上。
嚙着沙岸的永遠的波浪，
總會從你投出着的素足，

×　×　×

撼動你抿緊的嘴唇的。
而這裡，鮮紅並寂靜得
與你底嘴唇一樣的楓林間，
雖然殘秋的風還未來到，
但我已經從你的緘默裡，
覺出了她的寒冷。

▲我的生命流　　作者：中國早期詩人宗白華

我的生命流，
是海洋上的雲波，
永遠地照見了海天的蔚藍無盡。
我的生命流，
是小河上的微波，

永遠地映着了兩岸的青山碧樹。
我的生命流，
是琴絃上的音波，
永遠地繞着了松間的秋星明月。
我的生命流，
是她心泉上的情波，
永遠地縈着了她胸中的晝夜思潮。
生命的樹上，
凋了一枝花，
謝落在我的懷裏，
我輕輕的壓在心上。
她接觸了我心中的音樂，
化成小詩一朵。

▲月色迷朦的夜裏　作者：胡永思

在月色迷朦的夜裏，
我悄悄的走到郊外了，
找一個僻靜無人的地方，
把我的愛情埋了。
×　×　×
我在那上面做了一個記號，
不使任何人知道。
我又悄悄的跑回家，
從此我的生命便不同了。
×　×　×
我很想把他忘了
只是再也忘記不去！
每當月色迷朦的夜裏，
我總在那裏躑躅着。

▲月光　作者：創造社詩人王獨清

月兒，你像着海面展笑，
在海面上畫出了銀色的裝飾一條。
這裝飾眞是畫得奇巧，

簡直是造下了，造下了一條長橋。
風是這樣的輕輕，輕輕，
把海面吻起了顫抖的歎聲。
月兒，你底長橋便像是有了彈性，
忽高忽低地只在閃個不停。

× × ×

哦，月兒，我願踏在你這條橋上，
就讓海底歎息把我圍在中央，
我好一步一步地踏着光明前往，
好走向，走向那遼遠的，
人不知道的地方……

▲水手

作者：鍾鼎文

吹着口哨，歪戴着鴨舌帽，
嘴角上掛着微笑，又像不是笑；
披着濕潤的海風，攀着桅索，
他，石像般地佇立在船梢。

× × ×

東南方是上海，那兒多朋友，
邀請着朋友們同去上酒樓——
你一杯，我一杯，喝得爛醉；
誰知道下一趟能回不能回？
西北方是天津，那兒多女人。
楊柳青的女人們是多麼溫存；
摟着她說着些照例的情話，
誰去管那些話，是眞還是假？

× × ×

望着天，天是茫茫的展開，
望着海，海是滔滔的澎湃：
天與海，結合成寂寞的世界：
主宰着他的過去，現在與未來。

▲一朵野花

作者：新月派詩人陳夢家

一朵野花在荒原裏開了又落了，

不想到這小生命，向着太陽發笑，
上帝給他的聰明他自己知道。
他的歡喜，他的詩，在風前輕搖。

× × ×

一朵野花在荒原裏開了又落了，
他看見青天，看不見自己的藐小，
聽慣風的溫柔，聽慣風的怒號，
就連他自己的夢也容易忘掉。

▲海上的聲音　作者：新月派詩人方瑋德

那一天我和她走海上過，
她給我一貫鑰匙一把鎖，
她說，「開你心上的門，
讓我放進去一顆心，
請你收存，
請你收存。」

今天她叫我再開那扇門，
我的鑰匙早丟掉在海濱。
成天我來海上找尋，
我聽到雲裏的聲音——
「要我的心，
要我的心！」

▲美麗　作者：名詩人朱湘

美麗把裝束卸下了，鏡子，
知道它可是眞的，還是謊，
照不見「善」「惡」，——人造的名子。

× × ×

不響，成天裏他只深思，
又深思——平坦在他的面上
還有冷靜，明白；不是往常，
那些幻影與它們的美疵。

▲棄婦　作者：中國象徵派第一個詩人李金髮

長髮披遍我兩眼之前，
遂隔斷了一切罪惡之疾視，
與鮮血之急流，枯骨之沉睡。
黑夜與蚊虫聯步徐來，
越此短牆之角，
狂呼在我清白之耳後，
如荒野狂風憤怒呼號，
戰慄了無數遊牧。

× × ×

靠一根草兒，
與上帝之靈往返在空谷裏。
我的哀戚惟遊蜂之腦能深印着：

或與山泉長瀉在懸岩，
然後，隨紅葉而俱去。

× × ×

棄婦之隱憂堆積在動作上，
夕陽之火不能把時間之煩惱，
化成灰燼，從烟突裏飛去，
長染在遊鴉之羽，
將同棲止於海嘯之石上，
靜聽舟子之歌。
衰老的裙裾發出哀吟，
徜徉在邱墓之側，
永無熱淚，
點滴在草地，
爲世界之裝飾。

▲石膏像自語

作者：何　志　浩

在一群石膏像中，有一個哥德，一個拿翁。
一個詩人，一個英雄。
詩人有美麗的詩篇，英雄有輝煌的戰功。
詩人和英雄都能受人尊崇。

× × ×

我不能做成歌德，也不能做成拿翁。
但是我希望有他那麼美麗的詩篇，有他那麼輝煌的戰功。
現在將我塑成個模型列在群像中。
這個塑像是堅硬的石膏，其成份却相等於鐵和銅。
我實在當不起這樣的光寵。

× × ×

塑工刻意地使那石膏像兩眼發光滿面笑容。
胸前還掛滿了亮晶晶的勳章，充分顯示出肩膀兒硬，心坎兒忠。
手法上表現得神氣逼眞，態度沖融。
然而平凡的我那裏及得上石膏像那樣的威風。

第十三章　結　論

詩的各種體式，從歌謠、到樂府、雜言、五古、七古、到五律、七律、五絕、七絕以及擊鉢吟、詩鐘、新體詩等皆已說完了。各位讀者應該有點認識了。但在開始嘗試時，請記住下述幾點意見：

㈠　文學是生活的反映，一個時代有一個時代的代表作品，我們生在太空原子時代，就應當適應這個時代的環境，所以思想必須與現代的潮流相合，不然，就做得很好，也是成爲假的古董，那有什麼意思呢!?因爲不眞實，不自然的作品，就談不到有多高的造詣。

㈡　文學是很玄妙的，依照程式去學是可以的，但依格式去做，是沒有好的作品，尤其是詩更不應拘泥不化，試觀歷代的名詩人，他們所做的詩，各有特點；如杜甫的詩，可說是盡善盡美，沉鬱頓挫，感人至深。李白的詩富浪漫情調，王維的詩淸逸曠淡，詩中有畫，畫中有詩，白居易的詩平易通俗，他們何嘗有一定的方法。但是初學的人，對於玄妙的東西，在沒有找到入門的途徑前，正如一個人走到了荒山下，擧目盡是山嶺樹木，不知那裡是走進山中，得到勝景的起點，此時，就必須有人指引，有時指引的人沒有說到的地方，也很有可能會遭遇到，發生意外的困難。此時必須自己去體會，這種自己經驗體會得來的心得，纔是自己最好的收獲。

㈢　詩是人類情感發抒的表現。詩人寫詩時，如果沒有情感便沒有好詩，縱然是他寫作技巧高超，也很難使它出色。所以每一首詩，必須有一種情感，同時是自己的情感，切勿「無病呻吟」。但作擊鉢吟，因有規律及忌諱限制，就很難有眞正好的作品，大都缺少自己的情感，而成爲辭彙的堆砌品了。所以說無論寫新詩或舊詩，都應該有情感。

㈣　初學寫詩的人，最好先從舊詩入門，因爲新舊是遞嬗的，我們要創造新的，必須以舊的爲依據，換句話說，新的必須承接舊的，新的必須由舊的脫胎出來，這樣的新，纔是中華民族正統的文化，因此我們必須在舊的文藝遺產中去溫故知新，推陳出新，來發揮創作能力。

㈤　近體詩之律絕的字數、句數、平仄、韻脚、雖限制較嚴，但前人很多創作，其中很多是百鍊成句的佳作，其匠心獨運及推敲的工夫，令人拍案驚奇。所以初學作詩者，在嘗試學習之前，應先詳加研讀，揣摩前人的寫作技巧，從研讀中去學習，自可融會貫通，收實地應用之效，切勿漫不經心，粗粗讀過了事，須知作詩猶如登山，欲求捷徑，莫如由前人已經造成之路，不但時間經濟，同時定可達到目的。雖云另闢蹊徑，亦未嘗不可達到頂巔，但必定是費時且無把握的。前人之創作，正如登山現成之路，所望學者能不滯留於前人所築的道路中，精進不已，走完前人旣造之路，再闢前人未至之境，則可一鳴驚人矣

㈥　無論是歌謠、樂府、古風、近體、新體詩等，編著者個人的感覺，均應有韻爲上乘，因爲無韻的文句，朗誦或歌唱起來，總不及有韻的好聽，萬不得已，亦應將語尾的音相協

。且有韻的文句，可以幫助記憶，流傳得久些。雖然古詩中很多無韻的佳作，新詩興起後，亦反對押韻，惟照詩的原理說，應該是有韻爲宜。

以上數點，其中部份前面已經說過，在這裡强調一下，無非是要加强讀者們的注意而已，至於要進一步研究詩學的原理，詩史及作詩法等，最好是去看詩話，因爲詩話有很多作者心得的話，可供參考，或是去看古詩源，詩經，全唐詩以及各時代的名詩人專集，當可幫助各位讀者很多的認識，達到成功的願望。

學詩門徑，寫到這裏，已是全部說完了。因資料缺乏，難免有滄海遺珠之憾！冀望讀者先生能隨時給予啓示，俾作將來增訂之參考，但願有志向學的青年朋友，能融會貫通，精進不已，爲發揚國粹，創作出我們這一代的心聲。

國家圖書館出版品預行編目資料

學詩門徑

張正體編著. – 初版. – 臺北市：臺灣學生，1983
面；公分

ISBN 978-957-15-0173-4(平裝)

1. 中國詩 – 歷史與批評

821 79001089

學詩門徑

編著者 張正體
出版者 臺灣學生書局有限公司
發行人 楊雲龍
發行所 臺灣學生書局有限公司
地址 臺北市和平東路一段 75 巷 11 號
劃撥帳號 00024668
電話 (02)23928185
傳真 (02)23928105
E-mail student.book@msa.hinet.net
網址 www.studentbook.com.tw
登記證字號 行政院新聞局局版北市業字第玖捌壹號
定價 新臺幣三五〇元

一九八三年八月初版
二〇一七年四月初版四刷

81105

ISBN 978-957-15-0173-4 (平裝)